SYDNEY WARBURG

LOS APOYOS SECRETOS DE HITLER
FUENTES FINANCIERAS DEL NACIONALSOCIALISMO

Sydney Warburg
(1880-1947)

El seudónimo "Sydney Warburg" representa a un autor individual o a un colectivo de escritores anónimos. Son autores de un libro en el que se detalla el respaldo financiero al Partido Nazi por parte de banqueros estadounidenses entre 1929 y 1933. El título en neerlandés del libro, "*De geldbronnen van het Nationaal-Socialisme: drie gesprekken met Hitler*", alude a tres conversaciones que, según Warburg, Sydney habría mantenido con Adolf Hitler. La atribución original del texto es "*Door Sydney Warburg, vertaald door J.G. Schoup*" (Por Sydney Warburg, *traducido* por J.G. Schoup).

Traducido y publicado por Omnia Veritas Ltd

www.omnia-veritas.com

© Omnia Veritas Limited - 2024

Todos los derechos reservados. Ninguna parte de esta publicación puede ser reproducida, almacenada en un sistema de recuperación de datos o transmitida de ninguna forma ni por ningún medio, ya sea electrónico, mecánico, por fotocopia, grabación u otros, sin el permiso previo por escrito del propietario de los derechos de autor.

NOTA DEL EDITOR	9
INTRODUCCIÓN	13
1929	21
1931	48
EPÍLOGO	109
OTROS TÍTULOS	145

Nota del editor

El recorte de periódico que aparece a continuación apareció en muchos de los principales periódicos de EE.UU. y fue recibido por las principales cadenas de televisión. Por lo que sabemos, ninguna cadena de televisión difundió la noticia.

La última línea del comunicado de UPI dice que el manuscrito se volvería a publicar el 1 de diciembre de 1982. El 4 de enero de 1983, recibimos la noticia de que el editor había "cambiado de opinión" y no reimprimiría el documento. No se dio ninguna razón. Así pues, en los últimos 50 años este libro ha sido suprimido dos veces. Se desconoce qué fuerzas lo han provocado, pero si son tan poderosas, tenemos motivos para creer que tendremos noticias suyas en el futuro.

Esta tercera versión del manuscrito, aunque fiel al original en su verborrea, ha corregido errores de ortografía y puntuación que no se habían modificado anteriormente.

La historia es ahora quien juzga la autenticidad del libro.

San Jose Mercury News-Sábado, 25 de septiembre de 1982

Un libro afirma que los banqueros estadounidenses ayudaron a Hitler

MUNICH, Alemania Occidental (UPI) - Una editorial afirmó el viernes haber descubierto un libro que alega que banqueros estadounidenses suministraron a Adolf Hitler millones de dólares para ayudar a construir su partido nazi.

La editorial Droemer Knaur afirma haber recibido un ejemplar del libro de un médico holandés y estar convencida de que es auténtico.

Dijeron que el libro, escrito por el difunto banquero estadounidense Sidney Warburg, desapareció durante la guerra.

Warburg, copropietario del banco neoyorquino Kuhn Loeb and Cie. describió en el libro tres conversaciones que mantuvo con Hitler a petición de financieros estadounidenses, el Banco de Inglaterra y empresas petroleras para facilitar pagos al partido nazi, según la editorial.

El libro afirma que Hitler recibió 10 millones de dólares de Kuhn Loeb and Cie. durante 1929, otros pagos de 15 millones en 1931 y 7 millones cuando Hitler tomó el poder en 1933, según los editores.

Dijeron que Warburg se describía a sí mismo en el libro como el "cobarde instrumento" de sus colegas banqueros estadounidenses por haber concertado tratos con Hitler.

El libro se publicó originalmente en Holanda en 1933, poco antes de la muerte de Warburg, pero desapareció durante la guerra tras el asesinato de su traductor y editor, según el portavoz de la editorial.

Dijo que se pensaba que los nazis llevaron a cabo los asesinatos y destruyeron copias del libro para evitar ser desacreditados.

El libro se volverá a

publicar el 1 de diciembre con el título "Cómo se financió Hitler", dijo.

Introducción

El libro que está a punto de leer es uno de los documentos históricos más extraordinarios del siglo 20.

¿De dónde obtuvo Hitler los fondos y el respaldo para alcanzar el poder en la Alemania de 1933? ¿Procedían estos fondos únicamente de destacados banqueros e industriales alemanes o también de banqueros e industriales estadounidenses?

El destacado nazi Franz von Papen escribió en sus MEMORIAS (Nueva York: E. P. Dutton & Co., Inc. 1953) p. 229, "... el relato más documentado de la repentina adquisición de fondos por parte de los nacionalsocialistas figuraba en un libro publicado en Holanda en 1933, por la antigua y establecida editorial de Amsterdam Van Holkema & Warendorf, titulado DE GELDBRONNEN VAN HET NATIONAAL SOCIALISME (DRIE GESPREKEN MET HITLER) bajo el nombre de 'Sidney Warburg'".

El libro citado por von Papen es el que está a punto de leer y, efectivamente, se publicó en 1933 en Holanda, pero permaneció en las librerías sólo unos días. El libro fue purgado. Todos los ejemplares -salvo tres supervivientes accidentales- fueron retirados de las librerías y de las estanterías. El libro y su historia fueron silenciados, casi.

Uno de los tres ejemplares supervivientes llegó a Inglaterra, se tradujo al inglés y se depositó en el Museo Británico. Este ejemplar y la traducción se retiraron posteriormente de la circulación y actualmente "no están disponibles" para la investigación. El segundo ejemplar en neerlandés fue adquirido por el Canciller Schussnigg de Austria. No se sabe nada de su paradero actual. El tercer superviviente neerlandés llegó a Suiza y en 1947 se tradujo al alemán. Esta traducción alemana fue a su vez encontrada hace algunos años por este editor en el Schweizerischen Sozialarchiv de Zurich, junto con una declaración jurada de los tres traductores del holandés al alemán y una crítica del libro. Este editor hizo copias del texto alemán y encargó una traducción al inglés. Esta es la traducción que leerá aquí. Incluso teniendo en cuenta la doble traducción del neerlandés al alemán y del alemán al inglés, se conserva en lo esencial el estilo ágil original. El libro no es en absoluto una lectura aburrida.

El libro original *FINANCIAL ORIGINS OF NATIONAL SOCIALISM* fue tachado de falsificación. Sin embargo, desde 1933 se han hecho públicos numerosos archivos del gobierno alemán anteriores a la guerra, incluidos los archivos capturados del Ministerio de Asuntos Exteriores alemán y los documentos del Juicio de Nuremberg. Estos confirman la historia en puntos clave.

Por ejemplo, en el libro, Sidney Warburg afirma haberse reunido con un oscuro banquero von Heydt en 1933. Ahora, en 1982, sabemos por los registros alemanes que en 1933 el Bank voor Handel en Scheepvaart N.V. holandés era un canal de fondos para los nazis. El nombre anterior de este banco era Banco von Heydt. ¿Coincidencia? ¿Cómo iba a saberlo Sidney Warburg en 1933?

Hay otros vínculos. Ahora sabemos que la combinación alemana de I. G. Farben financiaba a Hitler, y que Paul Warburg era director de la estadounidense I. G. Farben. Además, Max Warburg era director de la alemana I. G. Farben. Max Warburg también firmó el documento de nombramiento de Hjalmar Schaht para el Reichsbank, y la firma de Hitler aparece junto a la de Max Warburg.

Sin embargo, la familia Warburg negó cualquier vínculo con Hitler. Los Warburg tacharon el libro de falsificación y amenazaron al editor si no lo retiraba de las librerías. En cualquier caso, no se acusa directamente a los Warburg. "Sidney Warburg" era sólo el mensajero. De hecho, todos los banqueros nombrados son gentiles, no judíos.

En 1949 James P. Warburg hizo una declaración jurada que agrava el misterio. Warburg negó haber visto siquiera el libro de "Sidney Warburg", ¡y sin embargo lo tachó de falsificación total! Además, una lectura atenta de la declaración jurada de James Warburg demuestra que su negación se refiere a otro libro publicado por uno de los traductores, René Sonderegger, y no al libro de "Sidney Warburg". Y para ahondar en el misterio, esta declaración jurada de Warburg se publica en los MEMOIRS de Fritz von Papen, la misma fuente que recomendaba a Sidney Warburg como fuente de información precisa sobre la financiación de Hitler (y Papen era, por supuesto, un destacado nazi).

Aún hoy el documento sigue rodeado de misterio. La explicación original de su publicación tiene visos de autenticidad: un miembro de la familia Warburg quería advertir de la guerra europea que se avecinaba.

Quién es quién en el libro

- "Rockefeller" John D. Rockefeller II.

- "Carter" John Ridgley Carter, casado con Alice Morgan relacionada con los intereses de Morgan en París.

- "Deterding" Henri Deterding, jefe de Royal Dutch Shell y firme partidario de Hitler.

DOCUMENTACIÓN

Sobre la financiación de acontecimientos políticos

Para los Archivos de la Schweizerischen Lanclesbibliothek

11 de febrero de 1947

EXPLICACIÓN

Los tres testigos abajo firmantes verifican que el documento adjunto no es otra cosa que una traducción fiel y literal del neerlandés al alemán del libro de Sidney Warburg, una copia del cual estuvo constantemente a su disposición durante todo el proceso de traducción. Atestiguan que tuvieron este original en sus manos y que, en la medida de sus posibilidades, lo leyeron frase por frase traduciéndolo al alemán, comparando luego concienzudamente el contenido de la traducción adjunta con el original hasta llegar a un acuerdo total. El libro original se titula De Geldbronnen van het Nationaal-Socialisme, Drie Gesprekken met Hitler, Door Sidney Warburg, vertaald door I. G. Shoup (sic), lleva la marca de la editorial "Vol Hardt En Waeckt" y apareció en el año 1933 en Amsterdam como un folleto de noventa y nueve páginas de texto, editado por Van Holkema & Warendorf's Uitg.-Mij. N.V.

Zurich, Suiza, 11 de febrero de 1947.

Dr. Walter Nelz
nacido el 4 de marzo de 1909, ciudadano de Zúrich

Wilhelm Peter
nacido el 28 de julio de 1906, ciudadano de Gottingen

René Sonderegger
nacido el 16 de enero de 1899, ciudadano de Heiden

Tirada en tres ejemplares para el infrascrito, con otros dos ejemplares, uno de los cuales se pone a disposición del Schweizerischen Sozialarchiv de Zúrich y de la Schweizerischen Landesbibliothek de Berna.

Sidney Warburg:
Las fuentes financieras del nacionalsocialismo.
Tres conversaciones con Hitler Traducido por J. G. Schoup van Holkema & Warendorf, Editores, Amsterdam, 1933, 99 p.

CÓMO OCURRIÓ...

Sidney Warburg hablaba muy poco, mientras los invitados estuvieran presentes. Ahora estaba solo conmigo y empezó a hablar del escándalo Sinclair.

"Hay momentos en los que quiero huir de un mundo con tantas intrigas, engaños, estafas y manipulaciones en la bolsa. De vez en cuando le comento estas cosas a mi padre, así como a otros banqueros y agentes de bolsa. ¿Sabes lo que nunca podré entender? Cómo es posible que personas de carácter bueno y honrado -de lo que tengo sobradas pruebas- participen en estafas y fraudes, sabiendo perfectamente que afectarán a miles de personas. Los poderes de Sinclair Trust han aportado millones de dólares a Wall Street, pero han arruinado a miles de ahorradores. Cuando uno se pregunta por las razones de las prácticas deshonestas y moralmente indefendibles de los dirigentes financieros nunca obtiene respuesta. Aunque sus vidas privadas sean ordenadas y buenas, no puede ser que desechen su verdadero carácter en cuanto entran en el mundo financiero, olvidando todo concepto de honradez y moralidad en favor del dinero, a veces millones de dólares."

La lucha de conciencia visible en estas palabras de Sidney Warburg, hijo de uno de los mayores banqueros de Estados Unidos, miembro de la firma bancaria Kuhn, Loeb & Co., N.Y., es la tragedia de su vida. Nunca pudo liberarse de sus conexiones con ese medio, cuyos motivos más profundos nunca pudo comprender del todo.

Esas palabras, pronunciadas en 1928, quizá expliquen lo que yo me preguntaba en 1933, por qué decidió finalmente contar al mundo cómo se financiaba el nacionalsocialismo. Al hacerlo, no relegó su propio papel a un segundo plano, sino que confesó honestamente su participación personal.

Cuando recibí de él el manuscrito, junto con la

petición de traducirlo, sentí que la tragedia en la vida del autor había llegado a un punto final, obligándole a hacer la sincera confesión que se contiene en las páginas siguientes. Es el primer paso hacia la libertad interior que le deseo de todo corazón, porque tiene el valor de decir ante el mundo entero: "¡Ellos lo hicieron posible, pero yo fui su cobarde recadero!".

Si el "pobre mundo" y la "pobre humanidad" -palabras con las que el autor termina su obra- no comprenden su grito, entonces su admisión fue un acto de valentía, necesario para realizarlo. Tener este valor significa romper con los viejos círculos y exponer al mundo a antiguos amigos como hombres sin conciencia, sobre todo revelando la propia participación plena y no disimulada en el proceso.

Octubre de 1933
El Traductor

1929

El dinero es poder. El banquero sabe concentrarlo y administrarlo. El banquero internacional hace política internacional. Está obligado a hacerlo por el gobierno central del país en el que está establecido, porque el gobierno influye en el banco emisor. En otros países éste se llama banco nacional. Quien entienda lo que se escondía detrás de la palabra "nacional" en los últimos años y lo que se esconde todavía, sabe también por qué el banquero internacional no puede mantenerse al margen de la política internacional.

El mundo bancario estadounidense llevaba meses desarrollándose a un ritmo vertiginoso. Estábamos viviendo un boom, y lo sabíamos. Los pesimistas pronosticaban una caída repentina, pero cada día dábamos órdenes más grandes, y el propio Wall Street se burlaba de los pesimistas. Wall Street daba dinero a todo el mundo: incluso la lejana península de los Balcanes, cuyos Estados habíamos oído nombrar en la escuela y habíamos olvidado hacía tiempo, recibía créditos, sus obligaciones se vendían, los especuladores se abalanzaban sobre ellas y el tipo de cambio subía. Los economistas políticos siguen sin ponerse de acuerdo hoy, 1933, sobre por qué los pesimistas tenían razón específicamente en 1929, y no un año antes o después. 1929 fue el comienzo de una época miserable para Wall Street, que aún no ha terminado.

El tipo de cambio no se desplomó, término habitual para referirse a un descenso, sino que simplemente cayó en picado, y en pocas semanas la manía crediticia de Nueva York se acabó por completo. Los agentes de los estados europeos que buscaban crédito tuvieron que volver a casa con las manos vacías. Estados Unidos parecía no tener más dinero. En tiempos difíciles es costumbre aquí que los hombres en el poder no callen sus opiniones. Los principales periódicos publicaron entrevistas con Hoover, McCormick, McKenna, Dawes, Young y muchos otros, pero eso no nos ayudó en Wall Street. Vivíamos en el infierno.

Cada vez que a uno le llamaban para contestar al teléfono, a su regreso, los precios del acero, de Anaconda, de Bethlehem y de las principales compañías petroleras habían bajado entre diez y veinte puntos. La caída de los precios de las acciones atraía a todo el mundo, lo quisiera o no, y conozco a muchos banqueros serios y respetables, de excelente reputación, que consideraban criminal la especulación con los tipos de cambio, pero que luego se adelantaban y participaban ellos mismos. Lo hacía abiertamente, sin pedir a su agente que camuflara sus órdenes o las mantuviera en secreto para el mercado.

Ya he dicho que vivíamos en un infierno, Ahora, 1933, uno recuerda aquellos días, pero nadie puede imaginarse la situación real sin haberla vivido. No podemos olvidar que el mundo entero miraba a Wall Street, y que Londres, París, Amsterdam, Berlín, todos estaban implicados en la tensión que vivía Nueva York. Por eso el crack de Wall Street tuvo trascendencia internacional.

Dejo a otros la tarea de desvelar las causas del repentino desplome. Sólo quiero describir brevemente el estado de las finanzas estadounidenses en 1929. Sin echarle un vistazo, lo que sigue sería en gran medida incomprensible para mis lectores.

Los bancos de la Reserva Federal disponían de enormes sumas en Alemania. Los créditos en Alemania estaban congelados desde la disolución del Darmstadter y del Banco Nacional, la quiebra del Nordwolle, la reorganización de los bancos D (Darmstadter, Deutsche, Dresden y Dusseldorf), la emisión de las Young-Obligations y la fundación del banco para pagos internacionales. Lo mismo ocurrió en Austria tras la crisis del Kreditanstalt. Las deudas de guerra francesas, belgas, rumanas e italianas seguían liquidándose, pero varios Estados deudores empezaron a solicitar modificaciones de las anualidades y de los tipos de interés a cada oportunidad. Años antes, la deuda de guerra francesa se había arreglado con estipulaciones muy convenientes que resultaron demasiado favorables para Francia. En resumen, Estados Unidos tenía en

1929 deudas con gobiernos extranjeros y particulares por valor de 85.000 millones de dólares[1]. Esto era en abril. El mundo bancario estadounidense nunca se había mostrado entusiasmado con Wilson. Los banqueros y financieros consideraban su idealismo suficientemente bueno para el estudio, pero inadecuado para el mundo práctico e internacional de los negocios. Por esa razón, Wall Street nunca había estado muy contento con el Tratado de Versalles, que se había construido siguiendo las directrices de Wilson. Este tratado había sido formalmente rechazado porque Francia se veía favorecida en él sin razón alguna. Ese era el sentimiento en 1920, en 1929 se había convertido en abierta hostilidad. Aunque los acuerdos originales habían sido modificados entretanto de numerosas maneras (Dawes - Young, etc.) el hecho seguía siendo que Francia, según el mundo bancario americano, tenía la llave de la recuperación económica de Alemania por su posición favorable en cuanto a las reparaciones, y por su pretensión de recibirlas en oro en vez de en mercancías. Tan pronto como uno se da cuenta de que el bienestar de América, así como el de Gran Bretaña, incluso el de todo el mundo, de hecho, depende de esta recuperación económica, entonces está claro por qué los estadounidenses trataron de promover la construcción económica de Alemania y Europa

---

[1] Un billar = Mil billones 2 Un millar = Mil millones

Central a través del crédito. Pero Francia echó por tierra sus planes, porque todo lo que Estados Unidos adelantaba a Alemania, ya fuera directamente o a través de Londres, o lo que el propio Londres daba directamente, tarde o temprano llegaba a Francia en forma de mayores reparaciones. Alemania no podía exportar lo suficiente para lograr un superávit comercial que cubriera sus reparaciones a Francia. Por lo tanto, tuvo que pagar sus deudas con su capital, pero este capital había sido adelantado en forma de grandes créditos de América e Inglaterra. La situación se hizo intolerable. Alemania no podía seguir aceptando divisas sin límites, y Estados Unidos e Inglaterra no podían prestar cantidades ilimitadas.

Las reclamaciones exteriores de Estados Unidos habían sido, en su mayor parte, congeladas en Alemania, Austria y Europa Central debido a las dificultades anteriormente descritas. 85 millones2 (sic) de dólares no son una bagatela ni siquiera para un país como Estados Unidos. De esta cantidad, entre 50 y 55 millones de dólares estaban, según estimaciones definitivas, congelados, y el resto no era seguro en modo alguno, porque había razones para dudar de la buena voluntad de los antiguos aliados -con la excepción de Inglaterra- en cuanto al reembolso de las deudas a América.

En este punto debemos remontarnos a la historia de la posguerra. Desde los primeros días tras la firma del Tratado de Versalles, Francia consideró sus estipulaciones como permanentes y sagradas, no por consideraciones sentimentales sino por un comprensible interés propio. Por mucho que en los últimos años se haya intentado convencer a los gobiernos franceses y a los expertos financieros franceses, de palabra y por escrito, de que a Alemania se le exigía más de lo que podía dar de acuerdo con las estipulaciones del tratado, este punto de vista nunca ha calado en los círculos dirigentes de París. Mientras los franceses no estén convencidos de esta verdad, la cooperación internacional no será posible. Este año se celebra en Londres una conferencia económica mundial. Yo no apostaría ni un céntimo por su éxito, si el gobierno francés no cambia sustancialmente su posición. En todas las negociaciones que se han celebrado desde 1920 para modificar el Tratado de Versalles, Francia se ha opuesto constantemente a una reducción de las reparaciones que le correspondían. A pesar de ello, se han llevado a cabo varias reducciones, pero Francia nunca ha pedido más de lo que no podía recibir, e incluso ha sabido sacar provecho de las reducciones. Francia, por tanto, recibió, también debido a la aceptación del plan Young, la mayor parte de las anualidades sin condiciones, y consiguió mantener su consiguiente superioridad sobre Alemania. No juzgo el comportamiento de Francia. Los políticos y financieros de Francia estaban sujetos a la creencia de que había que mantener abierta la posibilidad de que se repitiera lo de 1914 y tratar de anticiparse al peligro; para ellos, una Alemania próspera aumentaba la posibilidad de que se repitiera. (Los alemanes siempre fueron los barones ladrones de Europa y siempre lo serán, como en la Edad Media). Alemania, según la creencia francesa, debe seguir siendo económicamente débil. Pero el mundo necesita una Alemania próspera, Estados Unidos más que nadie. ¿Por qué? Busquen la explicación en obras sobre economía política, en ejemplos de economía práctica, internacional, en libros gordos sobre el tema que contienen mucha idiotez, todos delatan una completa falta de percepción de la realidad. Los economistas políticos son, ante todo, académicos. Conocen los bancos, las fábricas, las oficinas comerciales, las bolsas, pero sólo desde fuera. No olvidemos que cuando Wilson aún era profesor en Princeton, era conocido en Estados Unidos como el mejor economista político. Pero me he desviado del tema. Debemos recordar: Francia no quiere una Alemania próspera por preocupación por su propia seguridad; América e Inglaterra, sin embargo, necesitan una Alemania sana, de lo contrario ambas no pueden ser prósperas. Para mantener a Alemania económicamente abajo, Francia hace uso de su reclamación de reparaciones, que todo el mundo fijó a un precio demasiado alto, debido a la falta de sentido común de Wilson y a la excitación de la victoria de 1918-20, y se convirtieron en una carga increíble para Alemania. Todos los gobiernos alemanes se encontraban entre la espada y la pared: por un lado, las exigencias de los países extranjeros (principalmente Francia) y, por otro, la ira interna. Si cumplían las exigencias extranjeras, entonces el pueblo alemán gritaba traición-reproches y las acusaciones del pueblo podían sonar muy fuerte - si se resistían, entonces amenazaba una ocupación militar francesa. La aventura del Ruhr se produjo de esta manera. Resultó infructuosa para Francia y renunció a nuevos intentos, pero encontró otras formas de hacer un uso ventajoso de su reclamación de reparaciones. No puedo explicar toda la estrategia política francesa en esta breve presentación. Sólo quiero añadir que Francia supo luchar obstinadamente contra toda reducción de las reparaciones, o aceptar las reducciones si podían ser sustituidas por otras ventajas. Mientras Francia pudiera hacer valer sus exigencias en materia de reparaciones, mientras los préstamos americanos e ingleses a Alemania no bastaran para garantizar su reconstrucción económica, esta reconstrucción tenía que caer por su propio peso ante las exigencias del Tratado de Versalles.

Nadie se sorprenderá de que el mundo financiero de Estados Unidos buscara otros medios para dar jaque mate a Francia en este asunto. Si se le podía quitar de las manos el arma de las reparaciones, entonces Alemania podría volver a poner su economía sobre una base financiera sólida con la ayuda de Estados Unidos e Inglaterra, y abrir la puerta de la prosperidad a los dos países más grandes del mundo. En junio de 1929 tuvo lugar una reunión entre los Bancos de la Reserva Federal y los principales banqueros independientes de Estados Unidos. Sólo más tarde supe qué dirección tomó este intercambio de ideas. Pero primero entraré en el mundo internacional del petróleo. Existe un mundo internacional del petróleo, al igual que existe un mundo bancario internacional. Los reyes del petróleo son hombres voraces. Standard Oil y Royal Dutch son buenos amigos. Ambas empresas han dividido el mundo en distritos, y cada una tiene ciertos números reservados para sí misma. Cada empresa es dueña absoluta del territorio que le ha sido asignado. Estas personas han amasado grandes beneficios a través de los años de esta manera. Pero la Rusia soviética lo estropeó todo introduciendo una fuerte competencia contra Standard Oil y Royal Dutch. Desde entonces, las compañías sólo obtienen entre un seis y un siete por ciento de beneficios de su capital, pero eso no basta para satisfacer la codicia de los directores. La competencia rusa tuvo especial éxito en Alemania, ya que varios gobiernos alemanes hicieron insinuaciones a los nuevos dirigentes de Rusia, intentando mediante créditos, etc. que el petróleo y el gas rusos tuvieran un acceso más fácil al mercado alemán que cualquier otro país. Tengan paciencia unas líneas más, y comprenderán por qué representantes de Standard Oil y Royal Dutch estuvieron presentes en las conferencias celebradas por los Bancos de la Reserva Federal en 1929 con banqueros americanos. No me extenderé más sobre los asuntos financieros internacionales, sino que relataré simplemente el papel que desempeñé en la mencionada conferencia de 1929, cuál fue la misión que me fue encomendada y cómo la llevé a cabo. Esta confesión es árida y aburrida para los devotos de los cuentos fantásticos y simplemente la desecharán. Mi relato es aún menos adecuado para quienes saben que la vida real escribe historias más emocionantes y llenas de suspense que la fantasía más audaz que pueda inventar un escritor de ficción, porque para ellos sólo tienen suspense el asesinato, el homicidio, el robo, el chantaje, las amenazas, el divorcio y el sex-appeal. Mi relato es la descripción fiel de cuatro conversaciones que mantuve con el "hombre ascendente" de Europa, Adolf Hitler. No pretendo escribir una obra literaria porque sólo relato mis propias experiencias, todo lo que oí y aprendí, e insertaré aquí y allá mis propias opiniones para que mis lectores puedan orientarse mejor. Al publicar mis experiencias no pretendo despertar odio contra las personas, sino exponer las fechorías de un sistema que controla el mundo, y que puede permitir que ocurra lo que yo mismo participé. "Puede permitir que ocurra" no es la expresión correcta. A lo que me refiero es a lo que realmente ocurrió.

En julio de 1929 me invitaron a ir a las oficinas de Guaranty Trust en Nueva York al día siguiente, para tener una discusión con Carter, el Presidente-Comisionado del banco. Carter estaba solo y empezó sin formalidades. Al día siguiente iba a tener lugar una reunión entre los directores de Guaranty Trust, en la que estarían presentes los Presidentes-Comisarios de los otros Bancos de la Reserva Federal, así como cinco banqueros independientes, el joven Rockefeller y Glean de Royal Dutch. Carter les había hablado de mí en la reunión anterior, la que yo sabía que había tenido lugar en junio, y todos estuvieron de acuerdo en que yo era el hombre que necesitaban. Hablo perfectamente alemán y pasé cuatro años trabajando en Hamburgo en una empresa bancaria de la que éramos amigos. Carter me contó cuál era la situación. Yo lo sabía todo sobre los problemas financieros internacionales, él no necesitaba decir nada sobre ese tema. También sabía cómo el mundo bancario neoyorquino estaba buscando los medios para acabar con el mal uso que Francia hacía de las demandas de reparaciones. Recibí un breve resumen de lo que Francia había hecho en el campo de la política financiera internacional. Carter también sabía que Londres pensaba lo mismo que Nueva York. Me informaría de lo que se discutiría al día siguiente, pero en cualquier caso podía contar con mi presencia en la reunión.

Naturalmente, acudí al día siguiente. Carter y Rockefeller dominaron el debate. Los demás escuchaban y asentían con la cabeza. La cuestión que nos preocupaba era -utilizando las palabras de Carter- muy simple. Todos teníamos claro que sólo había una forma de liberar a Alemania de las garras financieras de Francia: la revolución. La revolución podía ser llevada a cabo por dos grupos políticos diferentes. En primer lugar, los comunistas alemanes, pero si una revolución comunista triunfaba en Alemania, se fortalecería el poder de la Rusia soviética y aumentaría el peligro bolchevista para el resto del mundo. Quedaba una revolución activada por los grupos nacionalistas alemanes. En realidad había varios grupos de esta persuasión, pero ningún movimiento político era lo suficientemente radical como para provocar un verdadero derrocamiento del Estado en Alemania, si era necesario por la fuerza. Carter había oído a un director de banco en Berlín hablar de un tal Hitler. El propio Rockefeller había leído un breve ensayo en un folleto germano-americano sobre el movimiento nacionalista liderado por ese tal Hitler (él decía "Heitler"). En la reunión anterior se había decidido ponerse en contacto con "este hombre Hitler" y tratar de averiguar si estaba dispuesto a recibir apoyo financiero estadounidense. Ahora la pregunta estaba claramente dirigida a mí: ¿estaría dispuesto a ir a Alemania, ponerme en contacto con él y dar los pasos necesarios para organizar esta ayuda financiera? Había que ocuparse de ello rápidamente, porque cuanto antes se pudiera construir el grupo nacionalista en Alemania, mejor. En mis negociaciones con Hitler debería insistirse en que se esperaba de él una política exterior agresiva, que debía azuzar la Revanche-Idee contra Francia. El resultado sería el miedo por parte francesa y, en consecuencia, una mayor disposición a pedir ayuda americana e inglesa en cuestiones internacionales que implicaran una eventual agresión alemana. Hitler, naturalmente, no debería conocer el propósito de la ayuda. Debía dejarse a su razón e ingenio descubrir los motivos de la propuesta. El siguiente tema de conversación fue que yo debía averiguar de Hitler cuánto dinero necesitaba para llevar a cabo una revolución completa del Estado alemán. Tan pronto como lo supiera, entonces debería informar a Carter, en el código secreto del Guaranty Trust, a qué banco europeo debería enviarse la cantidad, a mi nombre, para que luego pudiera entregársela a Hitler. Acepté el encargo. ¿Por qué? Cuando me hacen esta pregunta no sé qué responder. En 1929 tal vez habría dicho: porque siento lo mismo que Carter. Pero, ¿cuándo sabe un hombre si actúa para el bien o para el mal? En realidad eso es irrelevante aquí. Estoy relatando lo que ocurrió a través de mi participación.

Tres días después me encontraba a bordo del Isle de France con destino a Cherburgo; doce días más tarde estaba en Munich. Viajé con un pase diplomático, con cartas de recomendación de Carter, Tommy Walker (aún no comprometido en aquel momento), Rockefeller, Glean y de Hoover. El mundo diplomático estaba tan abierto para mí como la sociedad, el mundo bancario y, por último pero no menos importante, los círculos gubernamentales.

No era fácil llegar a Hitler. O era cobarde o temía quedar mal. El cónsul americano en Munich no consiguió ponerme en contacto con el grupo nacionalista de Hitler. Con ello perdí ocho días de tiempo. Decidí tomar cartas en el asunto y me dirigí al alcalde de Munich, el alcalde Deutzberg, con una recomendación del cónsul americano. El alcalde nos prometió que al día siguiente tendría un informe sobre cuándo me recibiría Hitler, pero dudé de su palabra. Sin embargo, no había prometido demasiado, porque al día siguiente llegó al portero de mi hotel, a lo largo de la mañana, una amistosa carta de Deutzberg en la que se indicaba el día y la hora en que Hitler me recibiría en la bodega de cerveza. Sólo tenía que dar mi nombre al camarero de la cafetería y me llevarían ante Hitler. Todo esto me dio la impresión de métodos secretos mafiosos.

Fui y todo transcurrió según lo previsto. Detrás de la enorme sala de la bodega de cerveza hay una habitación roja y anticuada en la que Hitler estaba sentado entre dos hombres en una larga mesa. He visto a menudo al hombre en fotos, pero incluso sin haberlo visto en revistas habría sabido que Hitler era el del medio. Los tres hombres se levantaron, cada uno se presentó, el camarero me trajo una enorme jarra de cerveza y pude empezar. Por supuesto, no quería sacar el tema de mi encargo en presencia de los dos compañeros. Quería una conversación confidencial entre nosotros dos. Hitler cuchicheó con los dos hombres y me dijo con un tono de voz cortante: "Esta no es mi costumbre habitual, pero si demuestras que tienes referencias, lo tendré en cuenta". Le di unas cuantas cartas de presentación. No se demoró más. Una mirada a los dos hombres bastó para hacerlos desaparecer.

Entonces puse todas mis cartas de referencia sobre la mesa y le pedí a Hitler que tomara nota de ellas. Después de leer las cartas me preguntó si pensaba informar sobre mi conversación con él en un periódico americano. Respondí negativamente. Eso le causó una visible impresión. "No tengo buena opinión de los periodistas", dijo Hitler inmediatamente. "Especialmente los periodistas americanos". No pregunté por qué. No me interesaba. Con cautela le planteé varias preguntas. Obtuve una respuesta evasiva a cada una, en lugar de un claro sí o no. Entre medias, Hitler se terminó su enorme jarra de cerveza y llamó. Inmediatamente vino el camarero que me había guiado y tomó nota.

La nueva jarra debió de soltarle la lengua, porque se largó.

"Los estadounidenses me parecen los extranjeros más simpáticos. Fueron los primeros en ayudarnos después de la guerra. Alemania no lo olvidará. Hablo de una nueva Alemania. ¿Qué piensan de nuestro movimiento allí en su país?... Al fin y al cabo, la plataforma de nuestro partido está traducida al inglés. Pronto, el tiempo les dirá lo que queremos. El pueblo alemán sufre en la esclavitud a causa de las reparaciones exigidas por el Tratado de Versalles. La libertad ya no existe para los alemanes, ni en su país ni en el extranjero. Desde 1918, nuestros gobiernos están formados por cobardes y traidores, todos ellos corruptos. El pueblo ha creído a los nuevos dirigentes. Los judíos y los marxistas son los amos aquí. Todo gira en torno al dinero. La disciplina y el orden ya no existen. El funcionario alemán no es de fiar. Una tragedia para el país... nadie prospera bajo esta chusma. Del Reichstag y del Landtag no se puede esperar nada. Todos los partidos políticos llevan a cabo negocios vergonzosos y turbios. El gobierno deja que países extranjeros dicten sus leyes, en lugar de mostrar los dientes y darse cuenta de que el pueblo alemán aún es capaz de resistir. El pueblo es mucho mejor que los gobiernos... ¿Cómo se puede cambiar esto? Estamos llevando a cabo una intensa campaña de propaganda contra la traición y el chantaje. No tenemos más de dos periódicos diarios y nuestras organizaciones locales crecen continuamente. Creen que obstaculizan nuestro movimiento prohibiendo los uniformes. Tonterías. El uniforme no es nada sin el espíritu. Seguiremos trabajando en el espíritu de la gente, el descontento debe extenderse, el desempleo debe repuntar, sólo entonces podremos avanzar. El gobierno tiene miedo, porque hemos demostrado que conocemos el camino correcto hacia el corazón del pueblo. Ofrecemos trabajo y pan. También podemos darlo, en cuanto un pueblo ilustrado se dé cuenta de que tiene derecho a vivir y a ocupar su lugar entre las naciones. El Reichswehr[2] se ha desarrollado en todas partes gracias a nuestros propios esfuerzos y a nuestras divisiones, mediante una disciplina estricta. No estamos sentados en una utopía de bastardos judíos y marxistas. Nuestra plataforma es alemana y no cederemos ni un ápice".

Hitler me causó una impresión singular. Sus líneas de pensamiento cortas y entrecortadas, su parloteo, sus confusas divagaciones sin pruebas serias me hicieron pensar que este hombre estaba vacío por dentro y que podía provocar una demagogia salvaje con su discurso inflado. Mencioné la organización de su movimiento.

"Un fuerte espíritu de solidaridad controla nuestro movimiento. Se han unido muchos parados de las grandes ciudades, mucha gente de clase media de zonas más pequeñas y muchos agricultores de

---

[2] Ejército Nacional Alemán.

Platten Lande. Nuestra gente da de lo poco que tiene para que nuestro movimiento siga adelante. La deshonestidad y la traición no pueden ocurrir porque lo tengo todo en mis manos. La formación ejemplar de nuestra gente atrae todas las finanzas automáticamente al punto central aquí en Munich, y yo soy ese punto central..."

¿"Fuerza"? Pero eso se da por descontado. Un gran movimiento prácticamente no puede desarrollarse sin fuerza. La estúpida cháchara de los pacifistas es simplemente risible. Esa gente no vive. La vida es fuerza. La vida es fuerza. Mira la naturaleza, mira el mundo animal, allí la única ley es la ley del más fuerte... ¿hacia el extranjero? Puede que no funcione de otra manera. Quiero dejar a América fuera de consideración, pero no a otros países. ¿Cree que Alemania recuperará sus colonias sin la fuerza, o Alsacia-Lorena, o los inmensos territorios polacos, o Danzig?... ¿Dinero? Esa es la cuestión crucial; el dinero sólo puede ganarse cuando el pueblo alemán sea libre para establecer su estabilidad económica, entonces podremos aprovechar la oportunidad más favorable para luchar por nuestros derechos con la fuerza de nuestras armas... Francia es nuestro enemigo, los otros aliados anteriores son nuestros competidores, esa es una distinción importante... La estafa de los bancos judíos debe terminar. Los especuladores de Galicia están despojando de sus ingresos a la clase media. Los grandes almacenes están exprimiendo a los pequeños comerciantes... Los impuestos y los alquileres deben ser regulados y eliminados...

"Hitler metió la mano en la abertura de su camisa marrón. "Aquí está nuestra plataforma. Ahí encontrarán todo lo que nos hemos propuesto".

Era el momento de plantearle el motivo de mi visita. No me dejó hablar. "¿Dificultades? Claro que hay dificultades, pero no son un obstáculo. He hecho de la liberación del pueblo alemán el objetivo de mi vida, y o gano o me arruino. Nuestra mayor dificultad es que el pueblo se ha vuelto apático tras años de abandono. Por eso necesitamos una propaganda enérgica y persuasiva, que despierte sus mentes. Una propaganda así cuesta dinero... No, no podemos exigir grandes cuotas a nuestros miembros, ya tuve que bajarlas porque muchos no podían pagarlas... Hay simpatías por nuestro movimiento en algunos círculos, sobre todo entre la nobleza. Pero estas simpatías no son puras y no estamos seguros de ellas. No quiero ser el siervo del movimiento monárquico en Alemania. Todos los aristócratas de aquí están infectados de sentimientos monárquicos, y no les dejaré entrar en el movimiento por esa razón, sin estar seguro de su convicción. Incluso entonces están bajo el estricto control de nuestros dirigentes... Todavía no podemos contar con la simpatía de los grandes capitalistas, pero tendrán que apoyarnos cuando el movimiento se haya hecho poderoso. ¿Qué piensa la gente en Estados Unidos de nuestro movimiento?".

La interpretación americana de su partido parecía interesar especialmente a Hitler. Le di la misma respuesta que antes, que en Estados Unidos sabíamos demasiado poco de sus esfuerzos como para formarnos una opinión. De nuevo mencionó las dificultades. "Hay muchos trabajadores que son susceptibles a nuestra propaganda, pero sus propios intereses les impiden unirse al movimiento. Los sindicatos socialdemócratas disponen de enormes fondos. En estos tiempos es naturalmente casi imposible para muchos dejar de pagar las cuotas a los sindicatos. Estamos buscando los medios de atraer a nuestro movimiento a elementos simpatizantes de los sindicatos. Pueden prestarnos un servicio útil influyendo en las mentes de sus colegas. En este momento estoy trabajando en un gran plan para nuestra propia oficina de prensa aquí en Munich, y una oficina editorial con sucursales en Berlín, Hamburgo y una ciudad del Rin. Aún no hemos trabajado en el norte de Alemania, y las provincias del Rin están en camino. En general, Baviera tiene una disposición favorable, así como Sajonia".

Cada vez me resultaba más difícil llevar a cabo mi misión. Parecía que a Hitler le gustaba oírse hablar a sí mismo, y cuando intenté decir alguna palabra que pudiera conducir al propósito de mi visita, cambió de tema. Continuó...

"El presidente Hindenburg no simpatiza con nuestro movimiento, pero sin duda no se opondrá a la voluntad del pueblo cuando llegue el momento. La camarilla de aristócratas que le rodea tiene miedo del creciente poder del pueblo alemán, porque podemos exigirles que rindan cuentas de su posición débil y cobarde frente a los países extranjeros y los capitalistas judíos." De repente se quedó en silencio, me observó durante largo rato, y luego dijo ácidamente: "¿Usted también es judío? No, por suerte, ciertamente de origen alemán. Sí, lo sé por su nombre". Ahora tuve la oportunidad de referirme a las dificultades del movimiento de Hitler, y salí directamente con el plan de ayuda financiera.

"Si eso fuera posible, no habría nada que no pudiéramos conseguir. Nuestro movimiento morirá sin armas. Pueden quitarnos los uniformes, pero nuestros principios se extenderán. Sin embargo, necesitamos armas... Hacer tratos no me molesta, y puedo conseguir armas en todas partes con dinero. Hemos creado una escuela de entrenamiento armamentístico aquí, en Múnich, y es muy apreciada por el movimiento."

En ese momento le planteé mi propuesta cuidadosamente redactada y le pedí a Hitler una estimación de la cantidad. Esto pareció dejarle perplejo. Llamó. Una conversación susurrada con el camarero. Hitler jugaba nerviosamente con su cuaderno, aparentemente sumido en sus pensamientos. Entró un hombre alto y delgado, de unos cuarenta años, con aspecto militar y uniforme marrón. Hitler le ofreció asiento a su lado. No había sido presentado. Sin ningún preámbulo, Hitler le preguntó cuánto se necesitaba para difundir intensamente el movimiento por toda Alemania.

"Tenemos que tener en cuenta el Norte y las

zonas del Rin. Debemos recordar que podemos lograr mucho ayudando a los parados que aún están afiliados a los sindicatos, y no podemos olvidar lo mucho que necesitamos para cumplir completamente nuestros planes para los Storm-Detachments. El armamento cuesta mucho, y los contrabandistas exigen precios altos". Von Heydt cogió un largo lápiz de la mesa y empezó a hacer números en el reverso de un plato de cerveza. Hitler apoyó un brazo en su silla y siguió sus cálculos. Luego cogió el plato de von Heydt y le dio las gracias en un tono de voz que significaba claramente que debía dejarnos en paz. "Por favor, recuerde que para nosotros hacer un cálculo en nuestras circunstancias no es fácil. En primer lugar, me gustaría saber hasta dónde están dispuestos a llegar sus patrocinadores y, en segundo lugar, si seguirán apoyándonos una vez gastada la cantidad inicial. Von Heydt ha hecho aquí un cálculo con el que estoy fundamentalmente de acuerdo, pero primero quiero saber qué piensa usted de estos dos puntos; luego, otro problema es que hemos basado nuestra estimación en los planes existentes, cuando todavía hay muchos otros en estudio que se pondrán en marcha una vez finalizados los primeros. Estoy pensando, concretamente, en la formación y adiestramiento de nuestros destacamentos en el uso de planeadores, así como en los uniformes para los parados -la prohibición de los uniformes es inocua- y en otros planes más."

Por supuesto, no pude responderle, y le dejé claro una vez más que esta primera reunión tenía como objetivo principal establecer contacto. Sus preguntas sobre la cuantía de la ayuda financiera dependerían de si mis patrocinadores aportarían realmente la ayuda financiera, sólo entonces podría determinarse un límite máximo. Esto no pareció agradar a Hitler, o le pareció demasiado complicado, porque volvió a preguntarme con ansiedad si yo personalmente tenía alguna idea de la cantidad que se le iba a dar. Tampoco a ésta pude responder. Esperaba que ahora me preguntara por qué los americanos estaban haciendo esta oferta de apoyo financiero, pero me preguntó algo muy diferente. "¿Cuándo podría recibir el dinero?". Yo tenía una respuesta para esta pregunta: suponía que tan pronto como Nueva York recibiera mi informe telegrafiado tomarían rápidamente medidas para enviar el dinero a Alemania si se ponían de acuerdo en la cantidad. Me interrumpió de nuevo. "No, a Alemania no, es demasiado peligroso. No me fío de ningún banco alemán. El dinero debe depositarse en un banco extranjero, donde podré disponer de él". Miró de nuevo las cifras del plato y dijo imperiosamente, como si estuviera dando una orden estricta: "Cien millones de marcos".

No mostré mi asombro ante su avaricia, pero le prometí telegrafiar a Nueva York y darle cuanto antes la respuesta de mis patrocinadores. No quiso oír nada de esto. "En cuanto tenga el informe de América, escriba a von Heydt, su dirección es Lutzow-Ufer 18, Berlín. Él se pondrá en contacto con usted con más instrucciones". Hitler se levantó y me ofreció la mano, lo que era una clara indicación para que me marchara.

De regreso al hotel calculé que cien millones de marcos eran unos veinticuatro millones de dólares. Dudaba que Carter & Co. estuvieran dispuestos a invertir tanto dinero en un movimiento político europeo. Finalmente concluí que eran ellos en Nueva York quienes debían decidir, y envié un breve resumen en código secreto de la conversación que había mantenido con Hitler.

La noche siguiente fui a una reunión del partido nacionalsocialista en el Circo. Esa mañana había recibido una invitación para asistir. Hitler hablaría allí en persona, seguido de un tal Falkenhayn. Volví a notar la vacuidad de su razonamiento, como lo había hecho durante nuestra conversación. Ni rastro de lógica, frases cortas y contundentes, bruscas y gritonas, tácticas políticas de demagogia, chusmerío persistente. Simpatizaba con los periodistas que estaban allí para escribir reportajes para sus periódicos. Me parecía que no se podía hacer ningún reportaje de un discurso así. Hitler no habló del movimiento, ni de la plataforma, ni de las reformas que él y sus seguidores esperaban llevar a cabo. Atacó a todos los gobiernos desde 1918, a los grandes bancos, a los comunistas, a los socialdemócratas, a los judíos, a los grandes almacenes. Su discurso estaba lleno de palabras como traidores, ladrones, asesinos, hombres sin escrúpulos, represores del pueblo, los que mancillan el espíritu alemán, etc. No mencionó ningún hecho. Siempre fue vago y general, pero... funcionó. Más tarde supe que después de esa velada unas 130 personas se habían hecho nacionalsocialistas. Tuve la impresión de que el discurso de Falkenhayn servía para calmar al público tras las incendiarias palabras de Hitler. Seco y casi incomprensible, Falkenhayn quería demostrar que la Rusia soviética era un peligro para el mundo, que no se puede hablar de una unión de todos los socialistas y que el movimiento hitleriano fue el primer partido que hizo realidad el verdadero socialismo. Su éxito fue moderado.

No tuve noticias de Carter hasta el tercer día. Una respuesta corta, también en código secreto. Diez millones de dólares estaban disponibles. Yo sólo tenía que telegrafiar a qué banco de Europa quería que me enviaran el dinero, a mi nombre. Carter & Co. evidentemente pensó lo mismo que yo, que veinticuatro millones de dólares era demasiado dinero para tirarlo al viento. Escribí inmediatamente a von Heydt y al día siguiente recibí una llamada suya desde Berlín. Organizó una reunión en mi hotel.

Esa misma tarde von Heydt llegó a Munich acompañado de un hombre de aspecto poco distinguido, que me fue presentado con el nombre de Frey. Recibí a los hombres en mi habitación y les informé de que Nueva York estaba dispuesta a donar diez millones de dólares a un banco europeo, a mi nombre. Yo dispondría de ellos según los deseos de Hitler. El pago y la transferencia del dinero debían regularse cuidadosamente. Ambos lo reconocieron sin mostrar ningún signo de sorpresa, y añadieron que no podían arreglar nada sin haber hablado con el "Führer". Yo no comprendí enseguida a quién se referían, pero cuando continué pronunciando el nombre de Hitler un par de veces, el pequeño Frey me corrigió con bastante brusquedad, diciendo cada vez: "Querrás decir el 'Führer'". Más tarde me di cuenta muchas veces de que en los círculos nacionalsocialistas nunca se pronunciaba el nombre de Hitler; siempre se le llamaba el "Führer". Para mí no había diferencia. El "Führer" entonces, si eso es lo que querían.

Esperé en Munich un informe de von Heydt, y dos días después llegó una carta anunciando su visita. Él y Frey se anunciaron de nuevo en mi hotel. Me plantearon las siguientes estipulaciones: Yo debía telegrafiar a Nueva York, pidiéndoles que pusieran a mi disposición diez millones de dólares en el banco Mendelsohn & Co. de Amsterdam. Yo mismo debía ir a Amsterdam y pedir a este banquero que extendiera diez cheques de un millón cada uno por el valor equivalente en marcos a diez ciudades alemanas. Luego endosaría los cheques, firmándolos a diez nombres diferentes que von Heydt, que también viajaría conmigo a Amsterdam, me proporcionaría allí. Entonces podría regresar a América desde Holanda. Tuve la sensación de que me dictaban ese modo de proceder porque querían que desapareciera de Alemania lo antes posible. No puse ninguna objeción a estas condiciones y todo se desarrolló como von Heydt había dispuesto.

En Ámsterdam me encontré con dos hechos

insólitos. En las oficinas de Mendelsohn & Co. fui recibido con una cortesía inusual después de haber pedido una cita con el director, y von Heydt, que estaba a mi lado en el mostrador, fue tratado por los funcionarios inferiores y superiores como si fuera el mejor cliente del banco. Una vez realizada la transacción y con los diez cheques en su maletín, me pidió que le acompañara al consulado alemán. Allí también fuimos recibidos con una deferencia y obediencia que demostraban la fuerte influencia de von Heydt. Desde Southampton tomé el Olympia de regreso a Nueva York. Me dirigí a las oficinas de Guaranty Trust para entregar inmediatamente un informe a Carter. Me preguntó si podía esperar y volver dentro de dos días para dar mi informe completo en una sesión plenaria. Estaban presentes los mismos hombres que en julio, pero esta vez había un representante inglés sentado junto a Glean, de la Royal Dutch, un hombre llamado Angell, uno de los jefes de la Asiatic Petroleum Co.

Carter opinaba que Hitler era el hombre adecuado para asumir riesgos. Todos pensaban que veinticuatro millones de dólares era una cantidad significativa, pero tuve la impresión de que confiaban en la determinación y seguridad de Hitler por la cuantía de la cantidad. Rockefeller mostró un interés inusitado por las declaraciones de Hitler sobre los comunistas, y cuando le cité unas líneas del discurso que había escuchado en Munich, dijo que no le sorprendía que Hitler hubiera pedido veinticuatro millones. Me preguntó si me había enterado de cómo Hitler había pensado armar a los nacionalsocialistas, y si prefería trabajar a través de canales parlamentarios o en las calles. Sólo pude responder vagamente, pero mi opinión personal era que Hitler, confiando en su propio liderazgo, tomaría todo lo que pudiera, y que lo consideraba el trabajo de su vida, ganando o fracasando completamente. Carter me preguntó además sobre la posición de Hitler en relación con la monarquía, si Hitler estaba comprometido en última instancia a colocar al Kaiser de nuevo en el trono. Respondí citando a Hitler.

No sé si en 1929 y 1930 se entregaron a Hitler más sumas de dinero procedentes de Estados Unidos; si así fue, entonces se había contratado a otro intermediario.

Es un hecho que pocas semanas después de mi regreso de Europa los periódicos de Hearst mostraron un interés inusitado por el nuevo partido alemán. Incluso el New York Times, el Chicago Tribune, el Sunday Times, etc. publicaban regularmente breves reportajes sobre los discursos de Hitler. Antes apenas se había mostrado interés por la política interior alemana, pero ahora la plataforma del movimiento hitleriano se discutía a menudo en largos artículos con asombro. En diciembre de 1929 apareció un estudio sobre el movimiento nacionalsocialista alemán en una publicación mensual de la Universidad de Harvard, en el que Hitler era glorificado como el salvador de Alemania y se le daba por primera vez el título de "nombre emergente en Europa".

1931

He jurado no hablar más de las relaciones financieras internacionales. Este juramento era demasiado precipitado. Debo traer a colación varios incidentes más que tuvieron lugar en los mercados bursátiles de Londres y Nueva York, para dar una idea más clara de lo que sigue. No es romántico, querido lector, pero quéjese para los que hacen la historia, no para mí.

En septiembre de 1931, el Banco de Inglaterra abandonó el patrón oro. Esto significa mucho para un país cuyo mundo financiero considera el oro la base de su economía y, en consecuencia, practica la teoría del oro. Desde los tiempos del gran Kent, Inglaterra ha utilizado el oro como criterio de su sistema financiero, salvo una breve interrupción en 1915-1921. Este cambio de principio y de práctica en Inglaterra tuvo grandes consecuencias en América. El valor de los enormes depósitos de oro en los Bancos de la Reserva Federal se redujo considerablemente. Pero ese no fue el peor resultado que se dejó sentir en el mercado de valores de Nueva York. En Estados Unidos se temía mucho más que peligrara el dólar. Se temía que el dólar siguiera el mismo camino que la libra esterlina. El mundo financiero americano sabía que el declive de la libra esterlina era el resultado de tácticas francesas, destinadas a debilitar financieramente a Londres, impidiendo una mayor ayuda a Alemania. La posición de Nueva York en 1931 no era muy diferente de la de Londres en 1929 y 1930, por eso América temía quedar desprotegida por las mismas tácticas francesas en caso de que Londres cooperara con Francia. Los financieros franceses han demostrado desde 1926 que son hábiles manipuladores. Poincare es el mayor genio financiero de estos tiempos. Antes, los financieros y expertos americanos e ingleses habían mirado a sus colegas franceses con confiado desprecio. Los años 1926 y 1931, más el tiempo transcurrido entre ambos, nos han enseñado que podríamos aprender mucho del mundo financiero francés. Quizás más adelante dé alguna prueba para los lectores que tengan dudas. Sin embargo, esto no entra dentro del marco de referencia de este libro. Nueva York estaba tensa.

Esta tensión se había convertido en inquietud -lo mismo había sucedido en Londres unos años antes- se hacían enormes envíos de oro de Nueva York a Europa, y parecía como si estos envíos estuvieran destinados en su mayor parte a Francia. Esto no es absolutamente cierto. Al principio nos alegramos de ver esos envíos de oro, porque hacía tiempo que habíamos abandonado la creencia en la leyenda financiera de que enormes suministros de oro significan bienestar real para un país. Pero el pueblo francés seguía creyéndolo. Cuando, a finales de septiembre y principios de octubre de 1931, se enviaron a Europa entre 650 y 700 millones de dólares en oro en tres semanas, empezamos a inquietarnos. Se trataba de los llamados particuliers, envíos parciales. Los depósitos de oro del gobierno francés seguían en los Bancos de la Reserva Federal. Se estimaban en 800 millones de dólares a finales de octubre. Si se pedía esta cantidad, ¿entonces qué? Naturalmente, estábamos dispuestos a pagarla, pero habría provocado el pánico en Estados Unidos y la huida del dólar se habría convertido en un hecho. Francia tenía pues en sus manos la llave de la situación del dólar.

Retrocedamos unas semanas. Hoover había concedido una entrevista a un editor del Chicago Tribunes, en aquella ocasión. Inconscientemente Hoover y el editor jugaron en manos de Francia. Muy pocos líderes poseen perspicacia financiera internacional. ¿Saben ustedes que un Rockefeller, un Wanamaker, un Harding, hijo del difunto presidente, y diré tranquilamente, incluso Hoover, son todos infantilmente ineptos e ingenuos en este campo? También conozco a estadistas de países europeos que saben igualmente poco de finanzas y economía internacionales. No es un hecho específicamente estadounidense.

Vayamos más lejos. Hoover comunicó al editor su intención de hacer muy pronto propuestas radicales sobre las reparaciones a Alemania y la regulación de las deudas de guerra entre todos los Estados. De la información del editor se desprendía que era posible que Hoover propusiera la anulación de los pagos de las reparaciones. La mayoría de la gente en Estados Unidos estaba asombrada por la propuesta. Pero Francia estaba en el qui-vive. No sé si en octubre de 1931 Hoover, por iniciativa propia, pidió a Laval que viniera a Washington, o si Laval se invitó a sí mismo. En los círculos financieros de Wall Street creían esto último. Así que Laval venía a Washington, pero inesperadamente dos financieros franceses llegaron a Nueva York, aterrizando el 15 de octubre, el mismo día que llegaba Laval. Los financieros franceses eran Farnier, Gobernador-Delegado del Banco de Francia, y Lacour-Gayet, antiguo agregado financiero de la embajada francesa en Washington. Inmediatamente se pusieron en contacto con los directores de los bancos de la Reserva Federal, que a su vez recurrieron a dos representantes del Departamento del Tesoro. Circularon muchos rumores sobre lo que se discutió en esta reunión. Sé por Carter lo que se habló en general. Nunca reveló muchos detalles. De ello deduje que las negociaciones no siempre fueron amistosas. Los franceses habían venido a Nueva York para decidir junto con los Bancos de la Reserva Federal lo que se podía hacer en Nueva York. Suponían que el gobierno francés había perdido varios millones por la caída de la libra esterlina y la renuncia de Londres al patrón oro. La débil posición del dólar había provocado malestar en París, y querían estar seguros de que no sufrirían más pérdidas a causa del dólar. Querían saber qué se estaba haciendo para apoyar al dólar. Por supuesto, se mencionaron los enormes envíos de oro a Europa, así como el enorme depósito francés en los Bancos de la Reserva Federal. Los franceses estaban dispuestos a transferir a los Bancos de la Reserva Federal la suma de 200 millones de dólares, suma que según los cálculos franceses seguía depositada en bancos privados estadounidenses, reforzando así su posición. Los franceses, sin embargo, añadieron condiciones:

1. Los Bancos de la Reserva Federal deben garantizar un tipo de cambio mínimo del dólar, aplicable a las cuentas francesas en Estados Unidos;
2. El tipo de interés para estas sumas debería elevarse al 4,5%;
3. Habría que determinar una suma mínima que Francia dejaría en Estados Unidos.

Como los estadounidenses no estaban dispuestos a aceptar inmediatamente estas condiciones, los franceses revelaron con indiferencia que, aunque el acuerdo que ellos, Lacour-Gayet y Farnier, iban a firmar con los Bancos de la Reserva Federal era de gran importancia, sólo formaba parte de un acuerdo general que Laval iba a cerrar unos días más tarde en Washington. Habían soltado el gato por liebre. Estaba claro que Laval tenía que disuadir a Hoover de sus planes de pago de reparaciones y regulación de deudas, y que Laval tenía que hacer uso de los fondos del gobierno depositados en la S.A. para obligar al Presidente a renunciar a sus planes. Nadie puede decir cual fue el resultado de estas negociaciones tanto en Nueva York como en Washington. El mundo bancario de Nueva York se resistió obstinadamente a la idea de que los Estados se vendieran a los intereses franceses en territorio internacional por la suma de 800 millones de dólares, los fondos franceses en América. Es un hecho, sin embargo, que Hoover prometió a Laval no emprender nada relacionado con la cuestión de la reconstrucción y la regulación de las deudas sin consultar antes al gobierno francés. Cuando Wall Street se enteró de esto, Hoover perdió de un golpe el respeto de este círculo. Incluso las elecciones posteriores se vieron afectadas -muchos creen que el fracaso de Hoover a la hora de ser reelegido se debe a este asunto. Se olvida que Hoover se encontraba en medio de una situación difícil. Por un lado, el mundo bancario estadounidense, con los Bancos de la Reserva Federal a la cabeza, que representaban la opinión de que Am Erica podía prescindir fácilmente del depósito francés si Francia lo utilizaba indebidamente para ejercer una influencia moral sobre el gobierno estadounidense en el ámbito de la política internacional. En el otro lado se situaba el Departamento del Tesoro, cuyos dirigentes harían cualquier cosa por evitar un pánico del dólar, señalando el precedente inglés.

En octubre de 1931 la situación era tensa en Wall Street y el ambiente ominoso. A finales de mes recibí la siguiente carta de Hitler desde Berlín:

Nuestro movimiento está creciendo rápidamente en toda Alemania, lo que plantea grandes exigencias a nuestra organización financiera. He utilizado el dinero que usted me procuró para construir el partido y ahora me doy cuenta de que tendré que abandonar el país en un plazo previsible si no se me suministran nuevos ingresos. No tengo acceso a grandes fuentes de financiación gubernamentales, como nuestros enemigos los comunistas y los socialdemócratas, sino que dependo completamente de las contribuciones de los diputados. Ya no me queda nada de lo que he recibido. El mes próximo debo iniciar la última gran acción que nos llevará al poder en Alemania.

Se necesita una gran cantidad de dinero. Le pido que me informe inmediatamente con cuánto puedo contar de usted.

Dos cosas me llamaron la atención de esta carta. Era la primera vez que Hitler utilizaba la palabra partido conmigo. Su tono en la carta era más de mando que de petición. Aunque la carta estaba fechada en Berlín, llegó en un sobre matasellado en Nueva York con un sello americano. Hitler ya debía de tener partidarios en Estados Unidos, concretamente en Nueva York.

Al día siguiente estuve en casa de Carter y le entregué la carta. Carter era el líder de la oposición al "comportamiento de viejas" del gobierno, como él lo llamaba, en relación con las demandas francesas. La noticia de la marcha atrás de Hoover le había enfurecido de tal modo que descargó su furia sobre Francia ante quien quisiera escucharle. Carter era un hombre temperamental. Leyó la carta de Hitler y se echó a reír, luego maldijo y se llamó a sí mismo idiota. Me dijo: "Somos unos idiotas. Desde 1929 no hemos pensado en 'este hombre'

Hitler. Durante todo este tiempo hemos tenido en nuestras manos los medios para acabar con Francia y no los hemos utilizado. Espere, vamos a celebrar una reunión aquí esta tarde, y voy a tratar de llegar a Montagu Norman del Banco de Inglaterra, que está aquí en Nueva York. Si viene, entonces podremos jugar nuestras bazas. Tú también debes venir, por supuesto".

La reunión en las oficinas de Guaranty Trust Co. contó con una nutrida asistencia. Sólo puedo explicar esto por el hecho de que la tensa situación del mercado de valores de Nueva York requería la presencia de sus líderes, y Carter había llegado a todos ellos con facilidad. Las opiniones estaban divididas. Rockefeller, Carter y McBean eran los hitlerianos, si puedo llamarlos así, y los demás vacilaban. En primer lugar, Montagu Norman tuvo que ser informado de los acontecimientos de 1929. La suma de diez millones de dólares para financiar un movimiento político le pareció muy elevada, opinión que no comprendieron los demás, pues era bien sabido que los partidos políticos en Inglaterra gastan enormes sumas en propaganda. Glean de Royal Dutch compartía la opinión de Montagu Norman. Añadió que había poca agresividad contra Francia en las publicaciones del movimiento hitleriano. Consideraba que Hitler era un bocazas y que nunca actuaría. También observó cómo Hitler había cambiado obviamente su "movimiento" por un "partido", una transformación que daría gran importancia a sus esfuerzos parlamentarios. Glean cerró su comentario diciendo que ya se había hablado bastante, en Alemania más que en ningún otro sitio, y que un hombre como Hitler seguiría el juego a la mayoría de sus seguidores en el Reichstag sin cambiar nada de la situación existente. Carter y Rockefeller argumentaron en contra de este punto de vista, diciendo que incluso si Hitler lograba una mayoría en el parlamento no podría ser disuadido de la plataforma que le vinculaba al pueblo alemán, y estaba obligado a utilizar lo que había escrito y hablado como único método para sacar al país de tiempos difíciles. Tendría que salir a la calle con sus seguidores y mantener al mismo tiempo los esfuerzos parlamentarios, si no quería perder su inmenso apoyo. Finalmente se acordó que, en principio, habría que seguir ayudando a Hitler, pero habría que informar directamente a alguien de la situación en Alemania y en el partido hitleriano antes de determinar la cantidad.

Me preguntaron si estaba dispuesto a asumir este encargo y a telegrafiar la cantidad a Carter como antes, firmando luego a Europa de la misma manera que en 1929, o de la forma que me pareciera mejor.

No pude liberarme inmediatamente de mis propios asuntos, así que al cabo de diez días viajé a Europa.

Mucho había cambiado en Alemania desde 1929. El movimiento nacionalsocialista, cuyo "Führer" me había recibido en una cervecería en 1929, había alcanzado los niveles superiores de la sociedad y tenía su cuartel general en la misma ciudad, en uno de los edificios más bellos de la mejor zona de la ciudad. Los nacionalsocialistas tenían sus propias casas por todas partes, en las ciudades de Berlín, Hamburgo, Francfort, Düsseldorf, Colonia, dos vigilantes uniformados estaban siempre delante de cada una, día y noche como delante de un cuartel.

Vi a numerosos transeúntes saludar a los vigilantes con un movimiento de brazo similar al saludo fascista, gritando cada uno simultáneamente "Heil Hitler". No hacía falta estudiar mucho para ver que los seguidores de Hitler habían aumentado enormemente desde 1929. Pude acortar mi viaje por Alemania, porque vi la misma imagen en todas partes. Los sábados por la tarde y los domingos, la mayoría de los jóvenes de la mayoría de las ciudades se ponían el uniforme y marchaban en formaciones que poco se diferenciaban de los grupos militares. Es cierto que había diferencias entre los uniformes, pero la mayoría eran marrones y negros. Las esvásticas estaban por todas partes, el emblema del partido hitleriano. Incluso las mujeres llevaban esvásticas en los bordes de sus bolsos; la dependienta de la tienda de puros de Berlín, donde compraba regularmente, llevaba una enorme esvástica en un fino collar. No era un adorno tonto, la intención de mostrar convicción era evidente. Tuve una charla con el director de un banco en Hamburgo, a quien había conocido bien en el pasado. Estaba bastante prendado de Hitler y me confesó que antes había confiado más en el Partido Nacionalista Alemán, pero ahora dudaba de su éxito porque los monárquicos lo controlaban, y el pueblo alemán no había olvidado la traición de la familia imperial en 1918. Me resultaba difícil tomar en serio su opinión, porque era judío. Necesitaba una explicación, así que le pregunté cómo era posible que, siendo judío, simpatizara con el partido de Hitler. Se rió. "Hitler es un hombre fuerte, y eso es lo que necesita Alemania. Los compromisos y las vacilaciones deben terminar de una vez. El pueblo alemán no está maduro para la democracia. Cuando el Kaiser gobernaba mal el país, y sólo él era responsable de la administración, ni una sola persona ponía objeciones, todo el mundo cumplía con sus tareas, entendía su deber. Los alemanes no son como los ingleses y los estadounidenses. Deben tener a alguien a quien admirar, entonces harán lo que se les ordene sólo porque el hombre fuerte da las órdenes. Siempre han sentido básicamente desprecio por un Ebert, incluso los socialdemócratas, y en cuanto a Hindenburg, le respetan, pero lamentan que no pueda actuar como regente en el verdadero sentido de la palabra. Desde 1918 hemos tenido cancilleres que eran plebeyos, que habían llegado a lo más alto del escalafón a través de la política. Nadie les respetaba. Un príncipe de sangre pura en oposición al Kaiser habría sido un buen canciller". Comenté que Hitler también era de origen humilde.

"Por supuesto, pero eso es otra historia. Hitler trabajó por su cuenta y no se arrastró hasta un partido político para alcanzar sus objetivos, sino que creó su propio partido desde cero. Verás que Hitler está en ascenso. Sólo durará un año más, entonces será el hombre. Empezó en las trincheras y terminará como dictador". Volví a plantear mi pregunta de cómo mi informante, siendo judío, podía ser miembro del partido de Hitler. Pasó por alto la pregunta con un movimiento de la mano. "Por judíos Hitler entiende judíos gallegos, que contaminaron Alemania después de la guerra. Reconoce a los judíos de origen alemán puro como iguales a los demás alemanes, y cuando llegue el momento no nos molestará de ninguna manera. Tampoco debe olvidar que los judíos controlan tanto el Partido Socialdemócrata como el Partido Comunista. Tendrá que ganárselos, no porque sean judíos, sino porque son comunistas o socialdemócratas". Volví a interponer que Hitler seguía estando en contra del capital bancario judío, incluso puedo decir que en contra de la banca en general. Mi informador pensó que yo era muy ingenuo. Añadió que la plataforma de Hitler no podía cumplirse en todos los puntos, y Hitler lo sabía muy bien. "Tiene que hacer exigencias irrealizables para ganarse a las masas, y esto es sin duda lo que menos debe preocuparnos. Cuando Hitler llegue al poder no tendrá que tener tanto cuidado con las masas; entonces será lo suficientemente fuerte como para imponer lo que quiera."

Dos días después hablé con un magnate industrial. También era seguidor del nacionalsocialismo. También leí todos los periódicos, e intenté hacer un resumen coherente de las corrientes políticas en la prensa alemana; llegué a la conclusión de que el Partido Nacional Socialista era el que mostraba mayor actividad, había echado raíces en todos los niveles de la población, y que la oposición de comunistas, socialdemócratas y otros partidos era tibia y definitivamente descoordinada.

Cada vez estaba más convencido de que Hitler no estaba experimentando, sino que quería alcanzar un objetivo claramente definido, apoyado por la mayoría del pueblo alemán. Había llegado el momento de ponerme en contacto con Hitler y escribí a la dirección de Berlín que había recibido de él, y tomé una habitación en el Hotel Adlon. Al día siguiente me llamaron por teléfono mientras leía los periódicos en el vestíbulo del hotel. Una voz, muy probablemente de mujer, me preguntó si estaría por las tardes en mi hotel, y se refirió a una carta que yo había dirigido al "Führer".

Recibí a von Heydt y a un recién llegado en mi habitación. Me lo presentaron como Luetgebrunn. Tras una breve declaración de von Heydt, Luetgebrunn comenzó a hablar. Era como si estuviera haciendo un discurso preparado, de vez en cuando echaba un vistazo a un fajo de notas.

"Nuestras actividades con los parados han tenido éxito contra todo pronóstico, pero cuestan mucho dinero. Nuestra organización es militar y, por tanto, tampoco es barata. Nuestras casas en varias ciudades están acondicionadas como cuarteles, nuestra gente duerme allí, catan allí, todo a costa del partido. Proporcionamos uniformes, los que tienen dinero los compran, pero los desempleados no deben ser ahuyentados por los costes del equipamiento. Por eso estamos obligados a donar gratuitamente uniformes y otros equipos a nuestros miembros desempleados. Algunos de nuestros vehículos de transporte pertenecen a miembros del partido, pero hemos tenido que proporcionar nuestros propios camiones y otros medios de transporte en las zonas en las que no tenemos muchos seguidores. Hay miembros del partido que no pueden prestarnos sus camiones porque temen perder clientes. También hay que pensar en las armas. Tenemos que comprar nuestras armas a los contrabandistas, y sus exigencias son elevadas. Tenemos nuestros puestos de compra en las fronteras de Austria, Holanda y Bélgica, pero a menudo las armas son confiscadas por las autoridades, se pierden miles y tenemos que volver a empezar. No hemos establecido contacto directo con las fábricas de armas; la única con la que tenemos contacto es la F. N. Fabrik de Bélgica, pero la cantidad que nos han garantizado es demasiado pequeña. Nuestros Destacamentos de Asalto están incompletamente equipados. No podemos comprar ametralladoras. Los revólveres y las carabinas no son suficientes en las calles, corrientes de desempleados se alistan en las ciudades y cada hombre nuevo cuesta dinero."

Luetgebrunn continuó en esta línea durante un buen rato. Luego le tocó el turno a von Heydt, quien me informó de que el "Führer" me recibiría al día siguiente a las once de la mañana en su casa del número 28 de la Fasanenstrasse. Sólo tendría que dar mi nombre a la criada. El número 28 de la Fasanenstrasse es una casa de familia corriente. Desde fuera no podía saber que el "Führer" vivía aquí, ni uniformes marrones, ni ningún otro signo. Una visita corriente a un ciudadano corriente. Hitler había envejecido en los dos años que llevaba sin verle. Sin embargo, lo encontré menos nervioso, más digno, más cuidadosamente vestido, podría decir que estaba más seguro de sí mismo. Parecía encantado de volver a verme, porque me preguntó con interés todo tipo de detalles sobre mi persona. Luego, según su costumbre habitual, empezó con el tema principal sin presentación.

"No tengo mucho tiempo. Luetgebrunn ya le ha informado de todo. ¿Qué ha estado diciendo América? Danos un año más y tendremos el poder en nuestras manos. ¿Lees los informes del Reichstag? ¿Qué piensa de nuestra actuación? Cuando uno de nuestros delegados se levanta, todos escuchan, y las hordas rojas tiemblan y se estremecen. Atraparemos a esos novatos. Han traicionado y vendido al pueblo alemán, y les castigaremos por ello. Hemos preparado un plan de movilización que funcionará tan bien como un reloj. Uno de mis mejores socios es Goring. Se lo he confiado a él. Nuestras tropas pueden movilizarse por todo el país en dos horas para salir a la calle. Primero vienen los Destacamentos de Asalto, cuya tarea es ocupar los edificios, hacer prisioneros a los dirigentes políticos y a los miembros del gobierno que no colaboren con nosotros. Luego vendrá nuestra otra gente, que ocupará los edificios continuamente, y nuestra organización estará completa. Si tiene que correr sangre, correrá. La revolución no se hace con un pañuelo; que el pañuelo sea rojo o blanco no tiene nada que ver. A los traidores sólo se les puede enseñar a comportarse con la fuerza".

Quería preguntar aquí cuál sería la política exterior. Hitler se levantó y atravesó la sala con grandes pasos. "Los países extranjeros se dividirán en dos bandos. Nuestros enemigos y nuestros competidores. Nuestros enemigos son en primer lugar Francia, Polonia y Rusia, nuestros competidores son Inglaterra, América, España, Escandinavia y Holanda. No tenemos cuentas pendientes con ninguno de los otros países. La población de Alsacia-Lorena debe ser llevada a la revolución, así como Silesia. Esa es nuestra primera tarea, tan pronto como consigamos el poder. Si Francia quiere guerra, guerra habrá. No reconocemos el Tratado de Versalles. Quiero ver a Alemania y al pueblo alemán libres. Si no se nos permite armarnos, lo haremos en secreto. Todos los gobiernos alemanes han mostrado todas sus cartas a Francia. Nosotros no lo haremos. Nuestras divisiones no son regimientos, nuestras armas no son material de guerra. En dos años construiré un ejército alemán lo suficientemente fuerte para rodear Francia. Tendré la industria química adaptada para fines bélicos. La situación con nuestros competidores es aún más simple. No pueden vivir y trabajar sin Alemania. Haré demandas. Dondequiera que los productos alemanes sean rechazados por los altos impuestos de importación, la producción ilimitada debe mantenerse. El pueblo alemán debe ser totalmente autosuficiente, y si no funciona sólo con Francia, entonces traeré a Rusia. Los soviéticos aún no pueden echar de menos nuestros productos industriales. Daremos crédito, y si no soy capaz de desinflar a Francia yo solo, entonces los soviéticos me ayudarán".

Debo hacer aquí una pequeña observación. Cuando regresé a mi hotel escribí esta conversación palabra por palabra. Mis notas están delante de mí, y no soy responsable de su incoherencia o incomprensibilidad. Si usted piensa que sus opiniones sobre política exterior son ilógicas, es culpa suya, no mía. Continuaré.

"Stalin ha hecho planes, y tendrá éxito porque se ha ganado al pueblo ruso. Yo también haré planes y me atendré estrictamente a ellos; lo que los rusos pueden hacer, nosotros podemos hacerlo el doble de rápido, el doble de intensamente. Después de un año de mi gobierno no habrá más desempleo en Alemania. Los judíos serán excluidos, así como los comunistas y los socialdemócratas; los campos en los que los encerraré ya están siendo planeados. El Reichswehr ya está en nuestras manos hasta el último hombre. El gobierno ni siquiera se ha dado cuenta de ello, pero les dejaré en su ceguera: estoy seguro de mi control. Goring y Gobbels, Streicher y von Heydt han estado en Roma muchas veces y han hablado con Mussolini, Rossi, Dumini y otros líderes fascistas sobre toda la organización allí.

También estamos construyendo nuestra organización de acuerdo con nuestras propias circunstancias. Mussolini y Stalin, el primero más que el segundo, son los únicos dirigentes por los que siento algún respeto. Todos los demás son un montón de viejas esposas. Stalin es judío, eso es una vergüenza. ¿Te dijo von Heydt cuánto necesitamos? Cuando llegó su carta calculamos todo exactamente. ¿Tiene idea en América de cuántas dificultades tenemos aquí? Si todo siguiera los cauces políticos habituales sería fácil, pero no hay una sola ciudad en Alemania donde no me reciban con alegría. Sin duda conseguiré una mayoría política, pero el pueblo debe tener miedo, en caso de que el NSDAP no se arredre y utilice otros métodos para alcanzar mis objetivos, en caso de que mis movimientos políticos parlamentarios no tengan éxito. Sólo podemos crear miedo exhibiendo poder. Esto sólo es posible con uniformes y armas. Si un par de comunistas son asesinados por un grupo de camisas pardas, eso tiene el mismo valor propagandístico para el partido que un discurso mío. Mussolini ha introducido un nuevo período en la política. Es el primero que lleva a cabo la política interior con algo más que grandes palabras y mociones parlamentarias. En resumen, todo lo que necesitamos para mostrar nuestro partido como una potencia a los países extranjeros y para sobrecoger al pueblo cuesta dinero. Te escribí entonces porque nos queda poco tiempo y ha llegado el momento de tomar rápidamente las riendas de la situación. En algunos lugares nos hemos visto obligados a rechazar a los desempleados. Eso es lamentable en este momento, porque todo se puede hacer con los parados si sólo podemos darles uniformes y comida. ¿Conoce nuestros barracones? Le dejaré ver una de nuestras casas aquí en Berlín. No necesito nada de la gente rica que teme por sus posesiones cuando las cosas se ponen feas. Necesitamos al trabajador ordinario, al proletariado, ellos, después de todo, no tienen nada que perder. ¿Has hablado también con Luetgebrunn? Es abogado, pero un intelectual de los buenos. En general, no tengo buena opinión de los intelectuales. Siempre sacan a relucir la ciencia y las enseñanzas históricas. ¿Qué han logrado con todo su conocimiento? Nada. Ahora es nuestro turno, que hablen el puño y la espada. Trabajar y luchar, esa debe ser la vida completa. Sueños y discursos nunca han logrado nada. ¿Usted también tiene conexiones con el Reichsbank? Se supone que hay una gran confusión allí. Una vez que llegue allí voy a limpiar todo. Schacht me parece el mejor de todos, pero es médico, y eso no me gusta. Esta gente se ha vuelto poco de fiar debido a todas sus invenciones. Hay que acabar con esto de estudiar y soñar. Los jóvenes deben trabajar la tierra y ser instruidos para poder luchar, si pronto fuera necesario."

Su ir y venir por la habitación me ponía nerviosa. También podía ser que sus palabras cortantes y la falta de coherencia en su conversación me estuvieran cansando. Pero Hitler continuó: "Si viviera en América, no tendría nada que ver con la política; allí la gente es realmente libre, y es un privilegio ser americano. En los últimos años, ser alemán se ha convertido en una desgracia. Veremos si vuelve a ser un honor. ¿Sabes que no me darán este nombre vergonzoso? Nací en Austria, así que no soy alemán. Ridículo. Me reconocerán de rodillas, no como uno de ellos, sino como uno por encima de ellos. Los comunistas empiezan a tener miedo, los judíos creen que esto no va a seguir así, y los socialdemócratas siguen creyendo que pueden salvar el pellejo con discursos y mociones parlamentarias. Los mejores aquí en Berlín son los comunistas, sus líderes se quejan a Moscú de su mala situación y exigen ayuda. Pero no se dan cuenta de que Moscú no puede ayudar. Tienen que ayudarse a sí mismos, pero son demasiado cobardes para ello. Lo más difícil ahora es nuestra relación con las iglesias. La iglesia luterano-alemana me da problemas, las otras iglesias protestantes se adaptarán pronto. Pero los católicos. Debes saber que soy católico. El Partido de Centro[3] es muy fuerte y puede lograr algo con el apoyo de los partidos bávaros. Debemos neutralizar este partido para que seamos los más fuertes. Sé bien que también hay sinvergüenzas en él, pero los dejaré tranquilos por el momento. Los obispos se manifiestan contra los nacionalsocialistas en algunos distritos, hay sacerdotes que no dan la absolución a los nacionalsocialistas y les niegan la comunión. Una buena paliza cambiaría esto, pero ahora no es una buena táctica; hay que esperar."

"Así que von Heydt no mencionó ninguna suma,

---

[3] Partido Católico

ni tampoco Luetgebrunn. No, no podía, no sabía la cantidad. Verás, hemos calculado todo exactamente, y dejaremos la elección a tus patrocinadores. Hay dos posibilidades. O salimos a la calle en cuanto nuestros Destacamentos de Asalto estén completamente organizados, lo que tardará tres meses desde que recibamos el dinero. O trabajamos persistentemente con votos y mantenemos nuestras tropas preparadas por si fueran necesarias. Al primero lo llamamos el plan de la revolución, al segundo lo llamamos el plan de la "toma legal". Como he dicho, el primero es cuestión de tres meses, el segundo de tres años. ¿Qué piensa usted de esto?"

No pude hacer otra cosa que mostrar mi ignorancia encogiéndome de hombros. "Naturalmente, ustedes los americanos no conocen la situación aquí, y es difícil decir cuál es el mejor método a utilizar. Pero, ¿qué cree que dirán sus partidarios?". De nuevo no pude responder. Hitler continuó.

"Ya ves que ni yo mismo tengo claro, ni tampoco mis colaboradores, qué camino debemos tomar. Goring está sencillamente por la revolución, los otros más por la toma legal, y yo estoy a favor de ambas. La revolución puede poner el poder en nuestras manos en pocos días, la toma legal requiere largos meses de preparación, y mucho trabajo clandestino. Por supuesto, hay una razón por la que no hemos sido capaces de tomar una decisión, y es que no sabemos con cuánto dinero podemos contar de tus patrocinadores. Si hubierais sido más generosos en 1929 las cosas estarían resueltas mucho antes, pero apenas hemos podido llevar a cabo la mitad de nuestro programa con diez millones de dólares. Os detallaré nuestros cálculos. Revolución significa que atraemos a la gente mediante grandes donaciones a los parados, compramos armas rápidamente y organizamos nuestros Destacamentos de Asalto. Los contrabandistas se aprovecharán de nosotros y exigirán precios que recortarán gravemente nuestros fondos. Con mucho dinero seguro que conseguiremos contrabandear ametralladoras, no tiene sentido abrir nuestro ataque sin ametralladoras."

"La toma legal del poder, por otro lado, cuando finalmente se haya completado, después de que hayamos forzado diferentes elecciones mediante la obstrucción en los Landtags y el Reichstag, entonces las masas estarán cansadas de votar y serán fácilmente engañadas por nuestra inteligente propaganda. Mientras nos ocupamos de nuestro trabajo parlamentario, armamos a nuestra gente y organizamos los Destacamentos de Asalto. Entonces bastarán algunas manifestaciones repetidas de vez en cuando contra los comunistas para que el pueblo se haga una idea de nuestro poder armado. Además, aprovecharemos el tiempo para penetrar aún más profundamente en las filas de la Reichswehr. Las elecciones, al darnos una mayoría efectiva, consiguen el mismo resultado que la revolución en tres o cuatro meses. Me gustaría tener las dos opciones. Todo depende del dinero".

Hitler se sentó a su mesa. Sacó su pequeño cuaderno, me miró y continuó.

"La revolución cuesta quinientos millones de marcos, la adquisición legal cuesta doscientos millones de marcos". Esperó. "¿Qué decidirán sus patrocinadores?"

No pude contestar. Prometí ponerme en contacto con Nueva York e informar lo antes posible de lo que habían decidido. Hitler retomó la conversación y empezó a divagar.

"Ustedes allá en América deben estar interesados en que nuestro partido llegue al poder en Alemania, de lo contrario no estarían aquí y diez millones de dólares nunca me habrían sido entregados en 1929. Vuestros motivos no me interesan, pero si comprendéis bien la situación seguramente os daréis cuenta de que no puedo llegar a ninguna parte sin medios financieros. Los comunistas de aquí reciben dinero de Moscú, lo sé y puedo demostrarlo. Los socialdemócratas son apoyados por banqueros judíos y otros grandes bancos, y tienen un tesoro enorme. Los nacionalistas alemanes obtienen enormes sumas de la gran industria, y su líder Hugenberg posee varios periódicos que obtienen grandes beneficios. El Partido del Centro obtiene el dinero que necesita de la Iglesia católica, que dispone de miles de millones, especialmente en el sur de Alemania. Cuando lo comparo con los escasos cuarenta millones de marcos que recibí de sus patrocinadores en 1929, me cuesta creer que pudiéramos atrevernos a iniciar nuestra planificación con unos fondos tan limitados. Te habrás dado cuenta de cómo hemos progresado en Alemania y aquí en Berlín desde 1929. ¿No le asombran estos resultados? ¿Debo decirle algo más? El Reichswehr es nacionalsocialista hasta la médula. Eso ya lo sabes, pero no hay ningún servicio civil en el que nuestro partido no tenga un fuerte seguimiento, somos especialmente poderosos en los ferrocarriles y Correos, y cuando nuestras consignas revolucionarias circulen dentro de unos meses podremos poner nuestras manos sobre estas instituciones estatales sin demasiados problemas. Cuando hablé contigo en 1929 tuve que admitir que el Norte y Renania eran todavía tibios. Ahora eso ha cambiado por completo. Estamos bien organizados incluso en Fráncfort del Meno, donde el alemán

Nacionalistas y comunistas cuentan con un fuerte seguimiento. Los miembros del partido están sentados en numerosos consulados extranjeros y participarán activamente a la primera señal de Berlín. ¿No significa todo esto algo? ¿No prueba que esos "míseros" cuarenta millones fueron bien invertidos? Pero ahora todo debe ir bien y rápido, y nuestro dinero se ha agotado. Diga a sus patrocinadores que, en su propio interés, envíen los quinientos millones de marcos lo más rápidamente posible, entonces habremos terminado en seis meses a más tardar."

Hitler gritó estas últimas frases como si estuviera en un mitin político y me atacó como si yo fuera su peor enemigo. Ya estaba harto. Le repetí que me presentaría en Nueva York y se lo haría saber en cuanto pudiera. Telegrafié ese mismo día. Tardé cinco días en recibir respuesta de Nueva York. En esos cinco días tuve la sensación de que nunca estaba solo. Excepto, por supuesto, durante las horas que pasé en mi hotel. Me parecía ver gente por todas partes que me seguía. Todavía no sé si era realidad o mi imaginación, pero se me ocurren varias ocasiones diferentes que son una prueba fehaciente de que un control continuo se cernía sobre mí en esos cinco días. Pero no quiero despertar el instinto detectivesco de mis lectores. Hay, sin embargo, un caso que me gustaría relatar. El segundo día después de mi conversación con Hitler me dirigí por la Kurfurstendamm hacia Wilmersdorf. Un viejo amigo de mi familia vivía allí en una pequeña villa. Quería visitarlo. Cuando bajaba por el Kurfurstendamm y giraba en la calle donde estaba la villa, vi claramente pasar delante de mí a un hombre que había visto al menos tres o cuatro veces por delante o por detrás en los últimos diez minutos. Llegué al chalet y estaba a punto de pulsar el timbre eléctrico cuando vi una cajita fuera de los arbustos. En ella estaba impresa a lápiz la palabra: ausente. No llamé. Esa noche llamé a casa de mi amigo desde el hotel. No conseguí conexión y, tras esperar varios minutos, la operadora me dijo que no había nadie en casa. Esto todavía me parecía muy normal y natural en Berlín, pero más tarde -yo le había escrito a mi amigo una carta en mi último día en Berlín y le había dicho lo mucho que había lamentado su ausencia- recibí una respuesta suya desde Nueva York, en la que me decía que no había estado fuera de Berlín y que no podía entender mi afirmación sobre su ausencia. Tampoco entendí la historia hasta que supe, a principios de este año, que nuestro viejo amigo de la familia en Berlín era un conocido socialdemócrata y había volado a Suiza. A los estadounidenses, por lo general, sólo nos interesan ligeramente las tendencias políticas de nuestros amigos. Yo no había sabido antes que era socialdemócrata, pero ahora el incidente de 1931 está claro, y creo que no sólo me estaban siguiendo personalmente en aquellos cinco días, sino que mi teléfono y mi habitación de hotel también estaban bajo control. No debemos olvidar que en 1931 Hitler aún no era Reichskanzler, sólo líder de un partido político fuerte.

La respuesta de Carter no fue clara. Volví a telegrafiar: "Repita", y luego recibí un largo cablegrama:

Las cantidades sugeridas están descartadas. No queremos y no podemos. Explicar al hombre que tal transferencia a Europa hará añicos el mercado financiero. Absolutamente desconocido en territorio internacional. Esperen un largo informe, antes de que se tome la decisión. Quédese allí. Continuar las investigaciones. Persuadir al hombre de demandas imposibles.

No olvides incluir en el informe tu propia opinión

sobre las posibilidades de futuro del hombre.

Así que Carter no creía mucho en las capacidades financieras de Hitler. Esperaría un informe detallado por mi parte antes de tomar una decisión y esperaba que yo convenciera al Führer de la imposibilidad de sus demandas, y que incluyera en el informe mi propia opinión sobre las posibilidades de éxito.

Escribí a Hitler una breve carta y le describí el contenido del telegrama. Dos días después me visitaron en mi hotel dos hombres que aún no conocía, Goring y Streicher. El primero era un hombre de aspecto elegante, gallardo, muy brutal, y el segundo me causó una impresión femenina.

Goring inició la conversación expresando su asombro de que yo no compartiera la opinión del Führer. Ciertamente, como americano sería difícil entender la situación alemana, pero el Führer me había informado tan bien de los planes y la plataforma del partido, que yo debería estar bien al tanto de la situación. Le repliqué inmediatamente que mis opiniones eran irrelevantes, que yo no era el que tenía el dinero, sino sólo un intermediario. No pareció creérselo y continuó hablándome de forma personal, negando que yo tuviera patrocinadores detrás. Streicher entró en la conversación con un tono untuoso. No podía soportar a ese hombre. Prefería cien veces la brutalidad de Goring, por desagradable que fuera. No podíamos ponernos de acuerdo. Le expliqué no sé cuántas veces que no podía cambiar ninguna de las circunstancias, que había enviado mi informe a Nueva York ese mismo día y que tenía que esperar la decisión de mis patrocinadores. Goring finalmente se puso furioso y dijo literalmente: "Todo esto es una estafa. No te hemos llamado. Primero nos ofrecéis una gran suma de dinero, luego, cuando os decimos cuánto necesitamos, es demasiado para vosotros y los caballeros no llegan. Sois unos estafadores". Esta brutalidad me enfureció y le mostré la puerta a Goring. Se fue con Streicher sin despedirse. Inmediatamente escribí una breve carta a Hitler y le pedí que en el futuro tratara conmigo personalmente y que no enviara más representantes, especialmente a Goring. Relaté brevemente lo sucedido y añadí que no quería volver a tener nada que ver con Goring. No sé lo que ocurrió entre Hitler y Goring, pero al día siguiente recibí una breve carta de Goring en la que ofrecía sus disculpas y achacaba su comportamiento a la gran tensión que vivía al ser dirigente del partido junto con Hitler.

Al día siguiente, sin embargo, dos hombres fueron anunciados de nuevo. Los americanos cometen un grave error en Europa. Reciben a cualquiera tras un simple anuncio. En América no hay diferencia, todo se hace rápidamente. Los discursos superfluos rara vez tienen lugar en el mundo de los negocios allí. Recibí a los dos hombres: von Heydt y una nueva figura. Introducción: Gregor Strasser. Un tipo más refinado que Goring, pero igualmente brutal bajo una cubierta de formalidad. Von Heydt abrió la conversación. Apenas le escuché y le interrumpí.

Toda esta charla sobre los líderes del partido no tenía sentido en este momento. Tenía que esperar a la decisión de Nueva York. Si Herr Hitler quería tener la oportunidad de hablar conmigo, con mucho gusto discutiría las cosas con él e intentaría dejar clara la posición de mis partidarios. Strasser intervino. ¿Compartía yo su punto de vista? "No tengo ningún punto de vista en toda la situación. Estoy cumpliendo un encargo". Sin embargo, la respuesta que me enviaron estaba en clave y, aunque se la transmití a Hitler, es posible que pueda explicar mejor algunos puntos. Así es como debe interpretarse mi declaración".

Strasser empezó a exponer la plataforma del partido. Tuve la impresión de que su labor consistía sobre todo en trabajar con los parados. Reprochó, sin ser crudo, a los jefes sindicales y a los socialdemócratas. Enumeró cuarenta o cincuenta nombres uno tras otro y señaló fríamente a la pared, diciendo en voz baja: "Aquí es donde estarán esos tipos con diez francotiradores delante". Las palabras más groseras que empleó fueron bribón y perro, pero las pronunció con tanta calma como todo lo demás. Me harté de tanta cháchara y pedí a los hombres que me dejaran en paz, pues aún tenía varias cartas que escribir. Strasser me invitó a asistir a un desfile nacionalsocialista en Breitenbach el domingo siguiente.

Un espectáculo sobrecogedor. En un campo con nudosos tocones de árboles había cinco Destacamentos de Asalto en formación, escuchando al sacerdote que celebraba el servicio religioso sobre el terreno. Recuerdo las siguientes frases del sermón del sacerdote. Me dieron una comprensión mucho más clara del nacionalsocialismo alemán que todas las palabras de Hitler y sus líderes.

"Sois luchadores por Dios. Día tras día se derramará la mejor sangre porque habéis puesto heroicamente vuestras vidas como baluartes contra el bolchevismo, para salvar de la ruina 2.000 años de cultura cristiana. Vosotros, que habéis inscrito la amarga lucha por la naturaleza y la raza alemanas en la bandera roja del pueblo con su campo blanco de pureza y lealtad y el signo rúnico de la victoria, estáis satisfaciendo vuestras propias conciencias, así como la de Dios. No os dejéis engañar y no os dejéis intimidar".

"El espíritu de Cristo es el espíritu del conflicto, contra Satanás y contra su infierno. El enemigo que Cristo quiso vencer con su crucifixión aspira a resucitar justo en este momento, el enemigo, el eterno judío errante, ha decidido vengarse. Se esfuerza por destruir la santidad del matrimonio y envenenar a propósito la pureza de las costumbres y el alma del pueblo. El amor fraternal cristiano debe ser llevado a la batalla, porque está en juego la existencia o la no existencia del cristianismo. Camaradas, nuestra batalla es una defensa vital, nuestro nacionalismo es el salvador del pueblo y de la patria. No escuchéis a los políticos que califican nuestro nacionalismo fanático de fechoría, condenando todo nacionalismo. Nuestro nacionalismo es el mismo que el de un pastor Wetterle, que el de un cardenal Mercier von Mecheln, que el del cardenal Dubois in Palis, que con miles de sus sacerdotes inflaman al pueblo francés a un amor ardiente por su patria y alientan la resistencia para la victoria con entusiasmo encendido. Lo que es bueno para los franceses y los belgas es igualmente bueno para nosotros los alemanes. En el ardiente mundo de 1914 el enemigo estaba en las fronteras alemanas, hoy el enemigo descansa en el centro de nuestro país, subyugando a nuestro pueblo y esclavizándolo. En agosto de 1914 millones de personas, bendecidas por la Iglesia y protegidas por sus oraciones, acudieron a los campos de batalla asesinos para salvar al pueblo y a la patria. Lo que entonces se permitía, incluso se exigía a nuestros sacerdotes, ¿debe prohibirse ahora como enseñanza perversa?... Camaradas, eso es mentira. Por eso os digo que ser nacionalsocialista es ser un luchador por un pueblo que está dispuesto a defender sus creencias religiosas, su pureza de costumbres y su honor hasta el último aliento. Sois una providencia de Dios, porque queréis desterrar el averno con su veneno mortal de disensión. La bendición de Dios descansa sobre vuestra batalla. Y ahora quitémonos los cascos. Juntemos nuestras manos y cantemos, como hicieron los Geusen holandeses antes de la última batalla decisiva, para que suene mil veces por toda la tierra: Señor, haznos libres..."

La oración de agradecimiento ha terminado. El servicio de campaña llega a su fin. Las órdenes suenan por todo el campo. Las filas marrones se alinean para marchar.

Dos policías con uniforme verde observan a los Storm-Detachments con interés. Todos los policías están en sus puestos. Tenían órdenes estrictas de vigilar todos los movimientos de los Destacamentos de Asalto en toda Alemania, especialmente en Prusia. El Secretario del Interior Severing habló la semana pasada en el Reichstag sobre estos peligrosos preparativos para la toma del poder por el NSDAP[4]. Tres días después recibí un cablegrama de Nueva York: "Informe recibido. Preparado para entregar diez, máximo quince millones de dólares. Aconsejar al hombre necesidad de agresión contra peligro extranjero".

Volví a escribir a Hitler para concertar una reunión. Le dije que había recibido noticias de Nueva York y que prefería informarle personalmente de su contenido. Esa misma tarde von Heydt, acompañado por Strasser, me visitó. "El Führer está sobrecargado de trabajo. Por consejo de sus médicos, debe descansar al menos dos semanas". Tenían plenos poderes para actuar en su nombre, de lo cual tenían pruebas. De mala gana describí el contenido del telegrama de Nueva York.

Von Heydtsaid: "Quince millones de dólares" -

---

[4] Partido Nacional Socialista.

eligió el máximo inmediatamente - "no es mucho para nuestros planes masivos, pero sé que el Führer lo aceptará. Ahora no se puede hablar de revolución. No es tan fácil como imaginan Goring y los demás. Yo mismo iría con gusto a las barricadas. Estoy harto de estas condiciones. Pero no podemos meternos ideas tontas en la cabeza. Nos derribarían antes de saber lo que pasó. Eso sería irresponsable con nuestro Führer. Ahora debemos ir a Hitler con propuestas para organizarnos con más eficiencia y para entrenar a nuestra gente. Hacer una revolución ahora mostraría una falta de espíritu de soldado y camarada, provocar el sacrificio es una idea comunista. No tendremos nada que ver con eso. Enviar ahora a los Destacamentos de Asalto a las barricadas significaría la destrucción de nuestro movimiento, derramaría sangre, sangre valiosa para nada, y sobre nuestros cadáveres se plantaría la bandera del caos y la desesperación, la bandera del bolchevismo. En las últimas semanas hemos tenido una afluencia de nuevos elementos en nuestro partido que son aún más difíciles de manejar, vienen de otros partidos y tienen otros puntos de vista, y tienen que adaptarse a nuestro mundo."

Von Heydt, al igual que todos los demás dirigentes del partido nacionalsocialista que he conocido, parecía poseído por la manía de difundir, con razón o sin ella, la plataforma y las tácticas del partido como si estuviera en un mitin político.

Strasser me preguntó cuándo creía que se podrían pagar los quince millones de dólares a Alemania. Le contesté que era cuestión de unos días, en cuanto supiera que Hitler estaba de acuerdo con la cantidad determinada, pero que sólo tomaría las medidas necesarias para firmar la entrega de la cantidad a Europa cuando hubiera mantenido una conversación con Hitler. Von Heydt me explicó que esto era temporalmente imposible porque Hitler tenía que descansar. Esperar a su regreso supondría un gran retraso. Si insistía en ello, mañana o pasado podría organizarse una reunión de todos los líderes del partido, y yo podría informar allí de lo que quería decirle a Hitler personalmente. Sin embargo, me mantuve firme en mi exigencia y finalmente dije que no haría nada hasta haber hablado personalmente con Hitler.

Al día siguiente, a mediodía, me llamaron para almorzar en mi hotel. Un chófer me esperaba en el vestíbulo y me entregó una carta. Estaba escrita de puño y letra de Hitler y me pedía que fuera a su casa en el automóvil que me esperaba allí. Un cuarto de hora más tarde me senté en su habitación de la Fasanenstrasse. No noté cansancio ni enfermedad en él, pero no dije nada de su salud, simplemente cumplí mi encargo directamente. Hitler se levantó, y mientras caminaba arriba y abajo por la habitación gritó: "Quince millones de dólares, es decir, unos sesenta millones de marcos. ¿Cuánto tardará en llegar? Es demasiado poco para abordar realmente el problema. Ustedes los americanos no conocen nuestros planes".

Le comenté que quince millones de dólares era el

máximo, y él pudo deducir de la copia del cablegrama que le mostré que se ofrecían diez millones y un máximo de quince millones. Al principio escuchó con atención. Aproveché la oportunidad para referirme a la necesidad de adoptar una postura agresiva frente a los países extranjeros, tal como se mencionaba en el cablegrama. Supuestamente, Estados Unidos tenía la impresión de que sus acciones en otras partes de Europa no habían surtido efecto. No quise ir más lejos. Tal vez se daría cuenta de lo que mis partidarios querían decir. Pero Hitler comenzó a chillar de nuevo. "¿Crees que puedo hacer milagros aquí con nuestra gente? ¿Tienes idea de la apatía de los alemanes? Esta 'jauría de judíos' ha impuesto un espíritu de estafa, adquisicionismo, internacionalismo y pacifismo. Día tras día debemos combatirlo: primero debemos enseñar coraje al pueblo, luego podremos hacer algo."

"En Alemania no hay disciplina y debemos volver a empezar desde el principio. Esperad a que acabemos sin trabajo con el pueblo alemán, entonces podremos pensar en política exterior. Lee nuestra plataforma. No nos desviaremos de ella ni un centímetro. Lea los puntos 1 al 7. Punto 1. Establecimiento de un estado nacional unificado, incluyendo a todos los de origen alemán. La explicación de esto dice: no renunciaremos a un solo alemán en los Sudetes, en Alsacia-Lorena, en Polonia, en la colonia austriaca de la Sociedad de Naciones y en los estados sucesorios de la antigua Austria. Lee la explicación del punto 2: no queremos el servilismo de Erzberg y Stresemann hacia las potencias extranjeras; pronto se verá que las potencias extranjeras tendrán mucha más consideración y respeto por una representación fuerte de los intereses alemanes. El resultado de nuestra nueva postura será consideración y atención a los deseos alemanes en territorio extranjero e internacional en lugar de patadas y palizas. El punto 3 dice: expulsión de los judíos y de todos los no alemanes de todos los puestos de responsabilidad de la vida pública. ¿Y el punto 4? Ya no se permitirá la inmigración de judíos orientales y otros extranjeros inferiores. Los extranjeros y judíos no deseados serán expulsados del país. Vuelve a leer el punto 6: quien no sea alemán sólo podrá vivir en Alemania como invitado y estará sujeto a las leyes de extranjería. Punto 7: los derechos e intereses de los alemanes prevalecen sobre los derechos e intereses de los ciudadanos extranjeros. Sobre todo tenemos como meta el renacimiento de Alemania en el espíritu alemán para la libertad alemana. ¿Qué más se puede pedir? Nos adheriremos a este programa y lo cumpliremos hasta la última letra. Sé que por ello tendré sobre mi cuello a Francia, Polonia, Checoslovaquia, quizá también a Prusia, Italia y Hungría. Eso es irrelevante en este momento. Nos ocuparemos de ello cuando nuestro pueblo esté preparado para asumir las consecuencias de la política alemana en interés del pueblo alemán, sin reservas. El pueblo se ha bastardeado y hay que expulsar de él las costumbres extranjeras". Hitler volvió a sentarse y reflexionó. Luego habló con más calma.

"Bien, tomaré los quince millones. Llevaremos a cabo nuestro programa, pero nuestra táctica cambiará. Elegiré el camino lento, el camino de la toma legal, pero tendremos éxito. Ya se está produciendo un cambio en el Presidente Hindenburg. Estaré acabado cuando haya apartado del camino a la camarilla aristocrática que le rodea. Su hijo no piensa nada de mí e incita a su padre contra mí. El presidente es un anciano. Se deja influenciar por los demás. Dame los quince millones. Von Heydt arreglará contigo cómo recibiré el dinero".

Expliqué además que era posible que mis patrocinadores enviaran los quince millones en dos plazos, uno de diez millones y más tarde uno de cinco millones, y que esperarían a recibir información mía antes de hacer nada. Me referí una vez más al significado de las condiciones del telegrama de Carter: una política exterior enérgica. Esta vez no predicó las frases estándar sobre su plataforma, sino que dijo directamente y en voz baja: "Déjenmelo a mí. Lo que ya he conseguido es prueba de lo que puedo hacer en el futuro".

La conversación había llegado a su fin, lo que me alegró mucho, una conversación con Hitler es algo agotador. Te grita y desvaría. Obviamente está tan acostumbrado a hablar en asambleas nacionales, que se apodera de él de tal manera, que no puede mantener una conversación normal y tranquila.

Ese mismo día envié por cable a Nueva York un informe detallado de mi conversación con Hitler y me referí por el momento sólo a sus planes de política exterior y a su firme promesa de no apartarse ni un milímetro de la plataforma de su partido. No creí que esto bastara para satisfacer a Carter y a sus colegas respecto a una política exterior agresiva por parte de los nacionalsocialistas, y pensé que el trato estaría cerrado.

Tres días después recibí una respuesta de Carter que contradecía mi opinión. Quince millones de dólares serían entregados a mi primer requerimiento a un banco europeo indicado por mí. Rápidamente di esta respuesta a Hitler. Von Heydt me buscó y me pidió que transfiriera el dinero a Europa inmediatamente de la siguiente manera: Cinco millones de dólares en mi nombre a Mendelsohn & Co., Amsterdam, cinco millones al Rotterdamsche Bankvereinigung, Rotterdam, y cinco millones a la Banca Italianna en Roma.

Viajé a estos tres lugares con von Heydt, Gregor Strasser y Goring, para depositar las cantidades. Había que extender un gran número de cheques a muchos nombres diferentes en localidades grandes y pequeñas de Alemania. Los dirigentes nacionalsocialistas llevaban consigo largas listas de nombres. En Roma fuimos recibidos en el edificio principal del banco por su Presidente-Comisario, y mientras esperábamos en su despacho durante cinco minutos entraron dos fascistas cuyos uniformes indicaban obviamente altos rangos. Introducción: Rossi y Balbo.

Goring abrió la conversación. Habló en italiano con los hombres. No podía entender lo que se decía. Nos invitaron a una cena en casa de Balbo. Yo era el único que no llevaba uniforme. Los dirigentes nacionalsocialistas llevaban sus uniformes marrones y los fascistas los negros. Después de la cena todos bailaron en un salón enorme, con puertas abiertas que daban a un magnífico jardín. Las damas preferían los uniformes marrones. Un viejo italiano, camisa negra con muchos adornos, se sentó a mi lado y observó a los bailarines. Empezó a hablar en alemán. "Italia nunca debería haber renunciado a su alianza con Alemania. Entonces estaríamos en una posición mucho más fuerte contra Francia. Pero nuestros amigos alemanes están en el buen camino, y cuando la revolución se haga realidad volverán los buenos tiempos. No hay mejor combinación posible: La cultura italiana con el espíritu alemán, renovarán y conquistarán el mundo". Tres días después viajé en el Savoya de Génova a Nueva York.

Carter convocó una reunión completa al día siguiente de mi regreso de Europa. Rockefeller me preguntó inmediatamente si creía que Hitler se atrevería a una batalla abierta con Hindenburg. Le dije que creía que Hitler era capaz de cualquier cosa si con ello conseguía sus objetivos. Tampoco era un soñador y era muy consciente de las dificultades a las que se enfrentaba, no experimentaría si no estaba seguro del éxito. Me pidieron que citara literalmente lo que se decía en mis diálogos con Hitler. También me interrogaron sobre mis impresiones acerca de las condiciones en Alemania. Cuando di la opinión del banquero de Hamburgo, Glean quiso saber si las clases acomodadas de Alemania temían la política financiera de Hitler y su "ruptura de la esclavitud del capital financiero", como la llamaba Hitler. Respondí citando al industrial de Berlín y el sentimiento del banquero de Hamburgo, que en cada plataforma política se pueden encontrar puntos que sólo están ahí para complacer a las masas, y que nunca se pondrán en práctica. Llegué a la conclusión de que las clases acomodadas alemanas (según los deseos de Hitler) no se tomarían en serio estos aspectos del programa de Hitler. Carter comentó que las cantidades solicitadas que yo había telegrafiado eran absurdas y demostraban claramente el escaso conocimiento que Hitler tenía de las relaciones internacionales. Añadí que, en mi opinión, no sólo era el caso de las relaciones financieras, sino que también me había asombrado su ignorancia en el ámbito de la política internacional. A nadie pareció parecerle significativo, algo bastante habitual en Estados Unidos. Carter me preguntó qué pensaba de los colaboradores de Hitler. Le conté el incidente con Goring. Esto pareció agradarle especialmente, y dijo rotundamente que un hombre del tipo de Goring sería un compañero adecuado para un líder como Hitler.

Un año más tarde, en septiembre, después de que el Partido Nacional Socialista de Alemania recibiera

107 delegados en el Reichstag el día 14, Carter me escribió una breve carta, recordando mis dos viajes a Alemania y las conversaciones que había mantenido con Hitler. Me preguntaba si estaba dispuesto a ir de nuevo a Alemania para entrevistarme con el Führer en caso de que fuera necesario. Después de mi última visita a Alemania había recibido cartas regularmente de von Heydt, Strasser y Goring, junto con extensos envíos de libros, folletos y periódicos diarios. Ahora estaba muy familiarizado con el nacionalsocialismo, y la persona de Hitler ya no era tan misteriosa para mí a través de mi contacto con él como lo era para otros en nuestros círculos. Volver a ver a esta gente en Europa no era la perspectiva más agradable. Ni la gente ni su literatura o propaganda tenían mucho que me atrajeran. Tal vez mis orígenes alemanes se hayan desvanecido en la rutina de la vida americana. Mi abuelo llegó a América hace noventa años, mi padre nació allí, mi madre es americana de pura cepa. Tal vez por esa razón no podía soportar la arrogancia inflada del pueblo alemán, que era la clave de todo el programa de Hitler, y su obra y sus objetivos me eran completamente ajenos. De hecho, yo personalmente había llegado a la conclusión de que mis amigos iban por mal camino, que la agresiva política exterior de Hitler bien podía hacer a Francia más flexible y cooperativa, pero también era peligrosa para el mundo. Siempre se sabe bien dónde empieza un dictador así, pero nadie sabe nunca dónde acaba. Yo le había comentado a Glean en el transcurso del año mi punto de vista, y él trató de disuadirme con la información de que Mussolini,

un dictador igualmente violento de un gran país, se había enfriado después de haber causado ansiedad en el mundo y especialmente en Francia con su bocaza y sus amenazas, lo cual estaba muy bien en su opinión, pero cuando las cosas empezaron a ponerse feas, (Mussolini) se retiró tranquilamente. No sería diferente con Hitler, pensó. Ciertamente no era nuestra intención provocar la guerra entre Alemania y Francia, sino sólo amenazar con el peligro de guerra, para hacer que Francia cooperara más en el posible apoyo a Inglaterra y Estados Unidos en los asuntos financieros internacionales.

Finalmente tomé mi decisión. Informé a Carter de que estaba dispuesto a viajar de nuevo a Europa y a ocuparme de Hitler en cuanto fuera necesario.

En el coche cama hacia Berlín encontré una edición de un diario alemán. Este era el artículo principal de la portada;

La gente acude en masa desde el centro de la ciudad hacia el Jahrhunderthalle y las plazas y edificios circundantes para la asamblea en el recinto ferial. Autobuses, camiones, coches particulares y motocicletas se estacionan en las calles más próximas. A la izquierda de los coches circulan tranvías atestados de gente, y mujeres y hombres impacientes esperan desde las tres con sillas plegables y paquetes de comida frente a la entrada del edificio. A las cinco, los puentes sobre el Oder que conducen al recinto ferial están llenos de gente y coches. El tráfico está siendo estrictamente controlado, pero siguen produciéndose paros. Siguen sonando gritos de "Heil" cuando llegan a los lugares de reunión vehículos con miembros del partido y destacamentos de asalto, que cantan y exhiben banderas. La policía se pasea con bolsas de almuerzo y botellas de agua. Se dice que sus coches patrulla están acribillados con ametralladoras y bombas lacrimógenas. Trenes especiales se suceden en las estaciones. Felicidad, entusiasmo, dicha en todos los rostros de mujeres y hombres, obreros, campesinos, ciudadanos, funcionarios, estudiantes y parados, todos están atrapados en la excitación que se suma al suspense interior de la gran campaña electoral. Día inolvidable, maravilloso. Hitler hablará.

Por primera vez marcharán todas las SA de la provincia. Entre ellos hay destacamentos de asalto que han permanecido sentados en camiones abiertos durante diez horas o más antes de llegar al lugar de reunión. Las columnas de las SA son regadas con flores, se convierte en un desfile triunfal. Brazos en alto se saludan constantemente. Heil SA, Heil... Suenan tambores y bocinas.

Una multitud de miles de personas se arremolina en torno al gigantesco edificio de hormigón del Jahrhunderthalle, el enorme monumento conmemorativo que recuerda para siempre al pueblo prusiano los grandes días de 1813. Largas pancartas cubren los muros y arcos del segundo edificio abovedado más grande del mundo. Allí está escrito: "No luchamos por mandatos, luchamos por nuestra ideología política". "El marxismo debe morir para que el socialismo pueda vivir". No hay lugar en este mundo para un pueblo cobarde". "Atención, Atención", suena desde el altavoz. "Siéntense todos, las SA están marchando."

Y se acercan. El enorme edificio tiembla. Se desata un rugido como el de un huracán, veinte mil personas se levantan de sus asientos. Entre gritos de júbilo se izan pancartas y banderas, una de ellas cubierta de negro. Una madre grita. Un soldado de asalto desconocido ha muerto como un héroe por su pueblo. Entran las tropas de asalto. Ya se les oye cantar fuera: "Somos el ejército de la esvástica". El entusiasmo alcanza el punto de ebullición. Más columnas siguen llegando. Hombres que sólo conocen el deber y la batalla. El suelo tiembla bajo los pies que marchan, bajo la fuerza y la disciplina de los batallones marrones.

"Atención, Atención, Hitler acaba de llegar. Atención, Atención." Emoción por todas partes. "Heil, Heil." Él viene, miles de ojos buscan al Führer. Allí está. Comandos agudos, un grito de júbilo: "Adolf Hitler". Ahora silencio. El Gauleiter se acerca al micrófono: "Mis queridos camaradas alemanes", comienza. Después de unas frases cortantes, concluye: "El Führer hablará".

De nuevo un rugido gigante, luego las masas escuchan. Adolf Hitler habla. Primero despacio, medido y frío. Los primeros aplausos. Hitler pide silencio con la cabeza. Continúa hablando con más convicción, irresistible, se vuelve fervoroso y exigente, los no nacionalsocialistas quedan impactados. Lo que dice este soldado de primera línea, teniente de primera clase Adolf Hitler, este hombre del pueblo, es todo tan sencillo, tan ordinario y tan correcto, y todo tan cierto, que los sabelotodos, jactanciosos de su desarrollo, y los racionales con sus eternas quejas prácticas, se callan todos. Siguen al orador con suspense. Les cuesta entender a este hombre, al que han venido a ver por curiosidad, pero le aplauden.

Hitler indica silencio. "Quienes pertenecen a nosotros saben que un punto de inflexión en la historia de nuestro pueblo no ocurre cada cinco o diez años, sino quizá sólo una vez en un siglo...". Ahora grita con fuerza: "Las plataformas de los partidos no valen nada". Los que se quedan al margen, los decepcionados, los que han sido traicionados tantas veces, escuchen con atención.

"Hace trece años estábamos rotos como pueblo, y una vida económica rota seguía al pueblo roto. Hace cien años en aquella época los que

91

trajeron nueva prosperidad y felicidad al pueblo alemán no fueron los que sólo pensaron en la vida económica, sino los que dieron sangre y posesiones por el honor del pueblo alemán. No puede ser de otra manera. La vida económica alemana no está rota, el pueblo alemán lo está..." El soldado de primera línea Hitler no habla de plataformas, sino de sacrificio, sumisión y trabajo.

Ahora su voz suena como un redoble de tambor, ahora habla de Alemania, y cómo. Los corazones se inflaman, qué testamento, una voluntad y una creencia tan fuertes como la roca. Hitler ama a Alemania, ama y lucha sólo por Alemania, siempre sólo por Alemania.

Los ojos brillan, los rostros se resuelven. Los dudosos se vuelven valientes, los incrédulos empiezan a tener esperanza, los indiferentes y apáticos se unen a él, y los viejos soldados se inspiran en nuevas acciones. Hitler los atrae a todos al círculo de su dominio con su ardiente voluntad de libertad. Un pueblo esclavizado despierta, las distinciones de clase caen, no hay obreros clasistas ni ciudadanos descontentos, no, veinte mil camaradas creen y gritan de alegría, creen en el Führer y lo aclaman. -

Leí todo esto en el coche cama de camino a Berlín. También leí que von Pfeiffer había sido destituido por Hitler, que von Heydt había renunciado al partido y que Strasser se había quedado frío porque su hermano había incitado al motín entre los Destacamentos de Asalto.

Casi me alegro de haber aceptado el encargo de reunirme con Hitler por tercera vez. En este país están ocurriendo cosas que sólo conocemos a través de la lectura de la historia pasada. Muy pocos se han encargado realmente de estar allí, de estar en medio de las cosas, de hablar con el Führer y de conocer sus motivos más secretos.

Una extraña atmósfera se cierne sobre Berlín. ¿Será la calma que precede a la tormenta? No lo sé. Nadie habla de política. Visité al viejo amigo en Wilmersdorf. Su casa está abandonada, esta vez puedo decir que realmente no estaba allí. Tengo una conversación con el gerente de unos grandes almacenes. No me revela nada de la situación. A todas mis preguntas sólo responde que se avecinan tiempos difíciles, y no pude sacarle nada más. En varias zonas de Berlín la ciudad presenta un aspecto extraño, policías junto a arsenales de fusiles y ametralladoras. Camiones abiertos llenos de soldados del Reichswehr pasan a velocidades de locura por las tranquilas calles. Brigadas motorizadas sobrevuelan el Kurfurstendamm, se ven tropas armadas por todas partes alrededor de los edificios gubernamentales cercanos a mi hotel. Pocos uniformes marrones. Un fenómeno extraño, en mi opinión. Al fin y al cabo, Hitler ha entrado en el gobierno. Los pocos periódicos que se atreven a plantear la cuestión hablan de él como el canciller del futuro, un futuro muy cercano. Esperaba más demostraciones de poder del partido de Hitler en Berlín. No me enteré de nada por las noticias de los periódicos. Sin embargo, mucho se aclaró cuando hablé con un agregado de la embajada americana. Me dijo que Hitler ya había puesto trabas a la prensa aunque todavía no fuera canciller, que sus Destacamentos de Asalto (SA) estaban movilizados para tomar la ciudad a la primera señal, que la aparición de la Reichswehr, aunque oficial, no significaba nada, ya que el gobierno no podía utilizarla contra las tropas de Hitler, por mucho que lo necesitara, porque no era fiable y contenía muchos elementos nacionalsocialistas; que Hitler había añadido un nuevo grupo de combatientes a sus Destacamentos de Asalto y tropas que él mismo denominó Tropas de Asesinatos. Nadie en los demás partidos políticos protestó por esta brutal designación, que es un desafío a la civilización. Los socialdemócratas están destrozados porque se dan cuenta de que todos sus años de trabajo parlamentario no han conducido a nada, los comunistas empiezan a tener miedo a pesar de que fueron ellos los que más gritaron. Ayer su casa Karl Liebknecht fue tomada por sorpresa y registrada desde el sótano hasta el ático. Oficialmente fue hecho por la policía y el Reichswehr, pero mi informante comentó que las tropas asesinas de Hitler tuvieron una gran parte en la destrucción de la casa Karl Liebknecht. Muchos dirigentes comunistas ya habían sido hechos prisioneros, la bandera roja estaba prohibida, ciertamente sólo temporalmente, pero no aparecería antes de las elecciones. Los socialdemócratas se muestran tibios en sus manifiestos y diarios. Todos se sienten incapaces de hacer frente a la situación. El pueblo alemán quiere dejarse impresionar, sólo respeta a los oradores fuertes. Los alemanes son niños, gente ingenua. Nunca se sentirán atraídos por un principio importante.

Primero recibí un breve resumen de la situación

política. Mi informador incluso se arriesgó a hacer una predicción. "Hitler ya no puede ser detenido", continuó. "Ya verás, la semana que viene será Reichskanzler. Un von Papen no puede luchar contra él, un von Schleicher lo intentó con la ayuda del joven Hindenburg, pero no tuvo éxito. Hitler puede ser Reichsprasident si quiere. Estará satisfecho con la cancillería sólo temporalmente. Pero Hindenburg es viejo y algo puede pasar cualquier día, entonces Hitler será un dictador completo sin siquiera la apariencia de una cabeza constitucional. Todo es posible con este hombre. He hablado con él unas cuantas veces y he escuchado sus discursos, y hace lo que quiere con su público. No les deja pensar, sólo grita y chilla para que no puedan resistirse más a él. Cuando le escuchaba siempre tenía la sensación de tener que luchar contra el poder de su sugestión, para no seguirle la corriente al cien por cien. Cuando más tarde te preguntas qué dijo, no puedes recordarlo. ¿Qué piensa del nacionalsocialismo?"

No quería darle una respuesta, y menos una respuesta completa. "Deberíamos esperar", le dije, "los americanos, en última instancia, no tenemos nada que ver con eso. Si el pueblo alemán quiere pensar en Hitler como su salvador, es su privilegio, no es asunto nuestro."

Mi confidente no pensaba lo mismo y trató de demostrarme que Hitler era un peligro para Europa como lo era Mussolini, y que el peligro italiano se vería reforzado por la extensión del poder de los nacionalsocialistas en Alemania y por una dictadura hitleriana.

Esa misma tarde escribí a la antigua dirección de Hitler en Berlín, diciendo que había llegado y solicitando una reunión. Esa noche ardió el edificio del Reichstag. Goring llegó a mi hotel a mediodía, más brutal que antes, arrogante y autoritario. Le acompañaba un recién llegado, al que me presentó como Goebbels. Ambos estaban llenos de ardor. Maldijeron a los comunistas que habían incendiado el edificio e intentaron persuadirme de su sagrado derecho a acabar con los comunistas hasta el último hombre. Seguí la misma táctica que antes y no expresé ninguna opinión. Sólo respondieron a mi pregunta de dónde y cuándo podría hablar con Hitler después de que terminaran de enfurecerse. El Führer me recibiría por la noche a las once y media en la Fasanenstrasse. Goring me recogería en automóvil.

Hitler estaba muy alterado. Estar simplemente disgustado, para él, significaría histeria para otra persona. Siempre estaba molesto, en el verdadero sentido de la palabra. Su saludo era apenas cortés. Despotricaba contra los comunistas que habían incendiado el Reichstag, acusaba a los socialdemócratas de haber participado en el incendio, interpelaba al pueblo alemán como si tuviera a miles de personas delante. No puedo reproducir aquí todo el monólogo delirante porque no retuve casi nada de él. No tenía coherencia. Continuó durante media hora entera antes de sentarse a la mesa e iniciar conmigo una discusión más o menos controlada, constantemente interrumpida por acusaciones y enfados contra los comunistas.

No tenía ni idea de para qué estaba allí en casa de Hitler. La situación era la siguiente. Carter había recibido una carta de Hitler, pidiéndole que enviara inmediatamente a su antiguo intermediario a Alemania para una reunión. Carter me había enseñado la carta y, tras mi aceptación hacía unos meses, me había pedido que fuera inmediatamente a Berlín. Ahora estaba sentado frente a Hitler, pero no tenía ni idea de lo que me preguntaría o me diría. Esperé tranquilamente.

"Me gustaría informarte de los progresos en nuestras filas. Desde 1931 nuestro partido ha triplicado su tamaño. Hay destacamentos en los que el número de parados supera con creces al de empleados. Diversas campañas electorales han mermado nuestros fondos. Ahora que estamos al borde de la victoria electoral, he tenido que limpiar el partido. Ciertos elementos, incluso en puestos dirigentes, no eran de fiar. Pero eso ya ha pasado. Ahora nos preocupa tener éxito en nuestro último paso. Los comunistas han jugado su última carta con el incendio del Reichstag. Los socialdemócratas han sido más difíciles de derrotar en nuestro último asalto. Además, no podemos olvidar a los nacionalistas alemanes, y ellos tienen dinero. No podemos entrar en Berlín con nuestras tropas porque, aunque nos sentimos seguros del Reichswehr, no estamos seguros de la población en general, especialmente en el norte y en el barrio judío. Hemos trazado un anillo alrededor de Berlín y he concentrado en él tres cuartas partes de las tropas de nuestro partido. Sólo unos días más y llegará el gran día, el día de las elecciones. Tenemos que ganar esta última iniciativa. Ya sea por las elecciones o por la fuerza. En caso de que el resultado de las elecciones no sea favorable, mi plan es definitivo: arrestar a Hindenburg, su hijo, von Schleicher, von Papen y Bruning, y mantenerlos prisioneros. También haremos prisioneros a los líderes socialdemócratas. Todo ha sido calculado hasta el más mínimo detalle. Pero la mitad de nuestros destacamentos de asalto sólo tienen porras y las tropas carabinas anticuadas. Cerca de la frontera alemana en Bélgica, Holanda y en Austria hay enormes suministros de armas. Los contrabandistas no dan crédito. Exigen precios escandalosos. Por supuesto, son conscientes de lo que ocurre aquí y están preparados para cualquier eventualidad. No se puede negociar con esos tipos. Quieren dinero contante y sonante, nada más".

"Pensé que llegarías antes a Berlín, así habría podido calcularlo todo con precisión. Ahora, en el último momento, debemos actuar con rapidez. Largas discusiones no ayudarán. ¿Qué crees que harán tus patrocinadores? Nuestro dinero se ha acabado. ¿Nos seguirán apoyando o no? No olvides que estamos luchando contra Moscú, contra toda la industria pesada alemana, contra la Iglesia Católica y contra la Internacional. No hay que subestimar a estos enemigos. Los fondos de nuestro partido apenas han aumentado, aunque he subido la cuota de afiliación a dos marcos y las cuotas a un marco. Hay demasiados parados a los que mantenemos gratuitamente y a los que hay que proporcionar uniformes y armas. Las cosas van mejor en las tierras llanas, allí nuestra gente tiene carabinas y rifles de caza. En las ciudades es más difícil. ¿Qué piensan ustedes? ¿Cuánto nos dará tu gente?". No pude responder. Sobre todo porque no estaba preparado para esta pregunta y no la había discutido con Carter antes de mi partida.

"No he hecho ningún cálculo, no teníamos tiempo, y ya no confío en mis colegas, salvo contadas excepciones. Nuestro partido ha crecido tanto en tan poco tiempo que cada vez me resulta más difícil mantener el liderazgo completamente en mis manos. Eso es absolutamente necesario, ya que los líderes fiables son muy escasos. Los monárquicos están empezando a pasarse a nuestro bando. Cada día se unen miembros del Stahlhelm, a veces en masa, y no podemos hacer otra cosa que darles la bienvenida, pero tenemos que controlar muy estrictamente a los líderes que vienen con ellos. Hoy en día no me fío de nadie, por fin he contactado personalmente con Hindenburg. La conversación fue de todo menos agradable, el anciano se mostró muy reservado, pero fingí no darme cuenta. Tengo tiempo. Pronto sabrá con quién está tratando. Cuando llegue el día, me seguirá el juego o desaparecerá. Yo no hago compromisos. Usted no es judío, ¿verdad? No, lo recuerdo, su nombre es alemán, sí, de origen alemán. Es mejor para usted viajar en Alemania con un pase alemán. Goebbels puede encargarse de ello. Usted lo conoce, seguramente. Él, junto con Goring, es uno de mis mejores socios. Von Heydt ya no está con nosotros, ya lo sabes. Tampoco von Pfeiffer. Los Strasser son risibles. Un motín en las SA contra mí, una reunión de todos los Gauleiter, y se acabó el incidente. La fuerza, la acción rápida, la audacia, lo son todo. En lugar de actuar con rapidez y no esperar, los Strasser y su gente se prepararon y conspiraron en secreto, y yo fui informado de todas sus actividades cuando intervine en el último momento. Son hermanos débiles, excesivamente politizados, con modales que tomaron de la chusma roja. ¿Qué dicen en América del incendio del Reichstag?". Obviamente olvidó que yo ya estaba aquí cuando ardió el edificio. "Pero sabemos quiénes son los culpables. Podemos probarlo todo. El comunista lo incendió, pero detrás de él hay comunistas y socialdemócratas. Se arrepentirán..." Hitler había recuperado poco a poco un temperamento aterrador y ahora caminaba de un lado a otro de la habitación. De repente corrió hacia la puerta, la abrió de par en par y miró al pasillo. Empezó a rabiar y a insultar a alguien que debía de estar en el escalón. Pero yo no veía a nadie. No sé qué pretendía con sus gritos. Primero pensé que quería evitar que alguien en el pasillo oyera nuestra discusión. Pero no era el caso, porque cuando volvió a entrar en la sala siguió rabiando contra la persona invisible por algo que no estaba claro. Tal vez fuera la larga espera por detalles sin importancia, o por su incapacidad para confiar en sus subordinados.

Se sentó de nuevo y me dijo: "Aún no has mencionado la suma de dinero". Hay momentos en los que Hitler daba la impresión de un hombre enfermo. Siempre era imposible mantener una conversación normal con él. A veces sus saltos de la A a la Z eran un estorbo tan grande y tan estúpido que su equilibrio mental era dudoso. Creo que tiene una naturaleza hipernerviosa. En los últimos años su mente ha estado ocupada con una sola idea. Ha vivido bajo una tensión constante. Muchos se habrían derrumbado, pero Hitler parece tener una naturaleza increíblemente fuerte. No creo, sin embargo, que tenga un gran entendimiento. Cuando intento resumir todas las conversaciones que he mantenido con él, llego a la conclusión de que no es inteligente, sino inusualmente egocéntrico y tenaz. Creo que ése es su punto fuerte. Todos podemos reconocer a una persona de este tipo en nuestros propios círculos, que, a menudo muda y apenas desarrollada, lo sacrifica todo por una idea o una posesión, y gana o perece por ello. Así es como yo veo a Hitler. Si será una bendición o una maldición para un pueblo como el alemán, sólo el futuro lo dirá, pero creo que el pueblo alemán es el único en el mundo que tolera a un hombre con una influencia tan masiva. Hay tantos puntos débiles en su persona y su comportamiento que el propio hombre, así como su partido, habrían sido objeto de burla y ridículo durante mucho tiempo en otros países. Conociendo al hombre tras varias conversaciones que he mantenido con él, ahora también entiendo por qué ya no puede ser tolerado tras su victoria final, ni por los alemanes ni por los periodistas extranjeros. En realidad es un peligro para sí mismo y para su partido porque no puede controlarse, lo revela todo, balbucea sus planes sin la menor vacilación. Esto me había impresionado ya en nuestra primera conversación. Por supuesto, yo había tenido las referencias más sólidas, mi identidad estaba segura, él podía deducir de cada detalle que estaba tratando con alguien que representaba al grupo financiero más fuerte del mundo, pero para mí no era una prueba de sus dotes de estadista ni de su perspicacia política que me informara tan directamente de sus intenciones más secretas.

En 1933 era ciertamente menos peligroso que en 1929 o 1931. Pero en esos dos años fue igual de franco conmigo que en 1933. Tampoco podía eludir el problema judío. Ese era el tema central para él, el problema de mayor importancia para el pueblo alemán. Sus ideas sobre este tema serían consideradas risibles por un estudiante de secundaria estadounidense. Niega absolutamente todo hecho histórico, y creo que no sabe nada del concepto moderno de "raza".

Tras su pregunta, o en realidad su reproche: "Usted no ha mencionado ninguna suma de dinero", empezó a hablar del problema judío y, por Dios, empezó a comparar el problema alemán con el problema de los negros en América. Eso me bastó para formarme una impresión de la comprensión y perspicacia de Hitler. Ambos problemas no son en absoluto comparables. Les ahorraré sus absurdas comparaciones.

Eran ya las tres de la mañana y aún no sabía realmente qué quería de mí. Así que aproveché una pequeña pausa en su incoherente discurso para preguntarle: "¿Ha hablado de una suma de dinero?"

"Sí, ese es el problema. No tenemos mucho más tiempo. Esta es la situación. ¿Están tus patrocinadores dispuestos a seguir apoyándonos? ¿Qué cantidad puedes conseguir para mí? Necesito al menos cien millones de marcos para ocuparme de todo y no perder la oportunidad de la victoria final. ¿Qué te parece?"

Intenté dejar claro que no se podía hablar de tal suma, en primer lugar porque ya había recibido veinticinco millones y en segundo lugar porque la transferencia de una cantidad tan grande en pocos días de Nueva York a Europa sin duda perturbaría el mercado de valores. Hitler no entendía esto, y lo dijo directamente. No estaba familiarizado con detalles tan complicados de la banca. "Si usted tiene el dinero en América, entonces ciertamente puede ser entregado a Alemania. Telegráficamente o algo así, me parece muy sencillo". Era inútil y una completa pérdida de aliento ilustrarle en finanzas internacionales. Concluí prometiendo informar de nuestra conversación a mis patrocinadores y esperar a ver cuál era su decisión.

"Telegrafiarás, ¿verdad? Hágalo aquí, así su

telegrama se tramitará más rápidamente. ¿Código? También podemos ayudarte, yo telefonearé por ti". Tuve que explicarle que me escribía con Carter en clave secreta y me preguntó si nadie podía leer el telegrama, ni siquiera los directores de la compañía telegráfica. Se quedó asombrado y le pareció mal que personas privadas pudieran telegrafiarse sin que el gobierno de los distintos países pudiera descifrar sus informes. Admitió que nunca había oído hablar de tal cosa. Eran alrededor de las cuatro y media cuando regresé a mi hotel e inmediatamente empecé a construir mi telegrama en clave para Carter.

Era muy extraño leer la prensa alemana en aquellos días. Por supuesto, a uno le decían que aún había semanarios socialdemócratas y comunistas, pero el chico del hotel al que mandaba a buscarlos volvía con los conocidos periódicos berlineses. Se creía sin excepción que el incendio del edificio del Reichstag había sido una fechoría comunista. Nunca pude conocer otras opiniones, aunque estuvieran disponibles. Leí otras explicaciones en América y en otros lugares, pero si es cierto que el partido de Hitler tuvo algo que ver con la quema, entonces Hitler es el mejor actor que he conocido en los cinco continentes.

Goring y Goebbels son casi tan buenos. Su ira, su frenesí por la quema eran o bien completamente genuinos o bien increíblemente bien montados, e incluso ahora, sólo de pensar en aquella conversación, todavía puedo sentir la influencia de aquellos sentimientos salvajes. En aquellos días me di cuenta de otra cosa extraña en Berlín. En las esquinas y plazas veía a menudo diez o veinte uniformados marrones con cruces gamadas de pie formando un círculo. Durante un cuarto de hora gritaban: "¡Fuera el estiércol! Votad nacionalsocialista". Luego seguían caminando, formaban otro círculo y gritaban: "¡El último huevo que han puesto los judíos es el Partido del Estado Alemán!" A mediodía vi por la ventana de mi hotel a cuarenta uniformados marrones de pie formando un círculo, durante media hora gritaron a ritmo constante:

¡Proletario, despierta!
Si luchar por la libertad del trabajo alemán
Es lo que quieres,
Si pan para mujer e hijo
Es lo que quieres,
Entonces defiéndete, defiéndete
Trabajador con mente y puño
Lista de Votación Nueve.

Siempre pensaba en Hitler cuando veía a esta gente. En Berlín los llamaban los "coros parlantes" de la propaganda.

Todo Hitler. Frases cortas. Sólo hablar, gritar, chillar, sin protesta de nadie. Nadie podía decir nada. Sin duda un nuevo método de propaganda. Han descubierto nuevos métodos aquí en casa en el ámbito de la propaganda electoral, pero nunca he visto nada tan sugestivo como esto, nada que tenga tal efecto sobre las masas, y el primer partido que lo utilice se hace naturalmente con el control de las calles, porque incluso si otro partido celebra un coro de oradores en la misma zona se produce una refriega, no puede ser de otra manera.

El ritmo y la repetición constante de las mismas palabras pone a los oradores en una especie de éxtasis, y en este éxtasis son capaces de cualquier cosa. He visto a estos morenos, cómo miran por encima de las cabezas de la multitud, como si vieran un mundo mejor y se deleitan con esta imagen. El éxtasis se les notaba en la cara. ¿Puede una persona seguir pensando lógicamente en éxtasis? Los psicólogos son los indicados para preguntarlo. Ayer leí en alguna disertación que el fascismo y el nacionalsocialismo eran una enfermedad, tal vez una enfermedad del alma. Pero estoy divagando.

Carter me telegrafió que él podría dar siete millones de dólares a lo más, eso significa que cinco millones serían entregados de Nueva York a Europa a los bancos dados y dos millones serían pagados personalmente a mí en Alemania por el Rhenania Joint Stock Co. Rhenania es la sucursal alemana de Royal Dutch en Dusseldorf. Envié esta respuesta a Hitler y esperé. Al día siguiente Goebbels fue anunciado muy temprano por la mañana. Me llevó a la Fasanenstrasse.

Hitler me recibió en la misma habitación, Goring estaba con él. La conversación fue muy breve. Casi brusca. Tuve la impresión de que los tres hombres no estaban satisfechos con las estipulaciones, y que tuvieron que forzarse para no arremeter contra mí.

Sin embargo, todo fue bien. Hitler me pidió que volviera a firmar la transferencia de los cinco millones de dólares a la Banca Italiana de Roma, y Goring me acompañaría. Los dos millones debían ser transferidos en quince cheques de igual valor, en dinero alemán, todos a nombre de Goebbels. La reunión llegó a su fin. Me marché.

Llevé a cabo mi tarea estrictamente hasta el último detalle. Hitler es el dictador del mayor país europeo. El mundo lo ha observado trabajar durante varios meses. Mi opinión sobre él no significa nada ahora. Sus acciones demostrarán si es malo, que yo creo que lo es. Por el bien del pueblo alemán, espero de todo corazón estar equivocado.

El mundo sigue sufriendo bajo un sistema que tiene que doblegarse ante un Hitler para mantenerse en pie.

¡Pobre mundo, pobre humanidad!

Para una traducción fiel al original, Zurich, 11 de febrero de 1947

René Sonderegger

Epílogo

El informe precedente apareció en el período posterior a la fecha del Forward, después de octubre de 1933 (como traducción holandesa del original inglés) en forma de un libro de noventa y nueve páginas publicado por una antigua y respetada empresa de Amsterdam que aún existe. Sin embargo, este libro no llegó a un público amplio, ya que desapareció al poco tiempo para siempre del mercado del libro, si es que alguna vez estuvo a la venta públicamente. Sólo algunos ejemplares aislados parecen haber llegado a manos de terceras personas. La existencia del libro no se discute. Lo que se discute es su autenticidad. La empresa explica que este libro representa una enorme falsificación:

El traductor, Schoup, nos llegó con una carta original de Warburg, por lo que creímos que tanto el libro como su autor eran auténticos. Después de que el libro saliera a la venta nos enteramos por varias fuentes de que un tal Sidney Warburg, de la casa Warburg de Nueva York, no existía y que el libro era un engaño masivo. Inmediatamente retiramos todos los ejemplares de los libreros y destruimos toda la edición. No sabemos si Schoup sigue vivo: desgraciadamente nunca se le persiguió.

El texto alemán anterior es la traducción exacta, palabra por palabra, de la edición holandesa del libro.

Hoy, a finales de 1946, trece años después de 1933, tras la Segunda Guerra Mundial y la caída del Tercer Reich, tras el completo sometimiento del pueblo alemán y tras los juicios de Nurnberg contra los máximos dirigentes nazis supervivientes, y enfrentados ahora a la amenaza de la Tercera Guerra Mundial, nos sentimos obligados a dar a conocer este texto, inédito y sin cortes, para dar paso a un análisis exacto de su contenido y origen.

Es posible que este informe sea falso y que su contenido sea sustancialmente falso. Es posible que el informe sea falso, pero que su contenido sea sustancialmente cierto. Es posible que el informe presente una mezcla de ficción y verdad. Pero es igualmente posible que el informe sea auténtico, o que sea sustancialmente auténtico, pero que contenga varios engaños que atestigüen en contra de su autenticidad. Todo es posible. Es importante establecer la verdad sobre el contenido y el origen.

Planteamos la cuestión de la veracidad del informe. ¿Qué pruebas hay de que se trate de una falsificación, es decir, de que su contenido sea sustancialmente falso? Si es falso, ¿en interés de quién y por quién fue creado? ¿Puede probarse que el contenido del informe es sustancialmente auténtico, es decir, verdadero? ¿Puede determinarse qué hay de cierto y qué de falso en él?

En cualquier caso, puede establecerse que el informe puede ser auténtico y veraz, que su autenticidad y exactitud no pueden discutirse inmediatamente. Esta prueba quedará demostrada por los siguientes hechos de que disponemos. El informe nombra muchos sucesos y hechos concretos y comúnmente conocidos que son relativamente fáciles de verificar.

Se supone que Sidney Warburg es el banquero y escritor neoyorquino James Paul Warburg, hijo de Paul Warburg, que fue Secretario de Estado con Wilson. Sidney puede ser un seudónimo. James P. Warburg nació en Hamburgo en 1896. En 1902 llegó a Estados Unidos con su padre. Se dice que de joven pasó varios años en el negocio de su tío en Hamburgo, mencionado en el informe de la p. 6. En la época de sus supuestos viajes a Alemania tenía entre 33 y 37 años. James P. Warburg fue delegado estadounidense en la Conferencia Económica Mundial de Londres en 1933, mencionada en la p. 4. James P. Warburg escribió mucho sobre economía y política. Por ejemplo un libro suyo apareció en 1940, después de muchos precedentes, titulado Peace In Our Time?, un año después otro, Our War and Our Peace, en 1944 otro, Foreign Policy Begins at Home. En 1942 apareció un libro suyo de versos titulado El enemigo del hombre y el hombre. Ferdinand Lundberg lo califica de "políticamente agresivo" en su conocido libro America's Sixty Families. James P. debería rebatir la autoría del informe que se le atribuye. Los Warburg americanos procedían de la antigua familia bancaria hamburguesa de los Warburg. Felix Moritz Warburg, el promotor del Sionismo, nacio en 1871 en Hamburgo, fue a los E.E.U.U. en 1894 y se caso alli en 1895 con una hija de Jacob Schiff de la casa bancaria Kuhn, Loeb y Co. Felix tuvo cuatro hijos que eventualmente pueden ser cuestionados como autores del informe, si las pruebas de la autoría de Warburg son realmente exactas. El caso es improbable, sin embargo, porque nada parece predestinarlos para este papel. Paul Moritz Warburg, padre de James Paul, su único hijo, nació en 1868 en Hamburgo, se casó en 1895 con una hija de Salomon Loeb, de la casa bancaria Kuhn, Loeb & Co. y se estableció, como ya se ha dicho, en EE.UU. en 1902. Poco tiempo después formó parte del gobierno de Wilson. El hermano mayor de Paul y Felix, Max M. Warburg, nació en Hamburgo en 1867 y siguió al frente de la firma hamburguesa. Con la entrada de los Warburg en el banco neoyorquino Kuhn & Loeb, los Warburg se convirtieron en la potencia capitalista financiera judía más importante.

El informe Warburg contiene varias inexactitudes y errores que, a primera vista, refuerzan la duda sobre su autenticidad. Nos gustaría señalar estos puntos. En la p. 2 el autor quiere "describir brevemente el estado de las finanzas americanas en 1929". Pero luego pasa a referirse a incidentes de los años siguientes. La disolución del Banco Nacional y de Darmstadt, la quiebra de Nordwolle, la crisis del Kredit-Anstalt austriaco tuvieron lugar en 1931, el pago de las Young-Obligations en 1930. El importe de los créditos pendientes en el extranjero de los EE.UU., se da como 85 millones de dólares. Esta cifra es demasiado alta. En realidad, los créditos pendientes de EE.UU. en el extranjero eran de sólo 18 millones de dólares.

El título reza Tres conversaciones con Hitler. En la p. 5 el autor habla de "cuatro conversaciones". Hubo exactamente tres viajes y cinco conversaciones distintas con Hitler.

En la p. 24 el telegrama de respuesta de Carter dice: "Explique al hombre que tal transferencia (de 200 a 500 millones de marcos) a Europa hará añicos el mercado financiero. Absolutamente desconocido en territorio internacional". En la p. 38 el autor escribe que "la transferencia de una cantidad tan grande en pocos días (cien millones de marcos) de Nueva York a Europa perturbaría sin duda el mercado de valores." Sin conocer demasiado estas transacciones financieras, este temor nos parece improbable.

En la p. 30 el autor menciona que los nazis habían recibido 107 delegados en el Reichstag el 14 de septiembre de 1932. Esto es falso. Los nazis recibieron 107 delegados en el Reichstag el 14 de septiembre de 1930, en 1932 ya tenían muchos más. En la misma página el autor escribe: "Mi abuelo llegó a América hace noventa años, mi padre nació allí". El padre del supuesto autor, Paul Warburg, nació en Hamburgo y se estableció con su familia en EE.UU. en 1902.

El mitin nazi descrito en la p. 32 corresponde al mitin electoral de Breslau del 1 de marzo de 1933. Por lo tanto, tuvo lugar después de la quema del Reichstag y después de las conversaciones de Warburg con Hitler. El autor debió de leer el informe en su viaje de regreso de Berlín, no en el trayecto de ida.

En la p. 34 el autor lee en un periódico alemán de febrero de 1933 que "von Pfeiffer había sido destituido por Hitler y que (Gregor) Strasser se había quedado frío porque su hermano (Otto) había incitado al motín entre los Destacamentos de Asalto". En la p. 37 Hitler dice al mismo tiempo: "von Pfeiffer ya no está con nosotros. Los Strasser son risibles. Un motín en las SA contra mí, una reunión de todos los Gauleiter, y se acabó el incidente". El lector tiene la impresión de que los casos de von Pfeiffer y Otto Strasser habían ocurrido muy recientemente. Por el contrario, ocurrieron en 1930. Sin embargo, es posible que surtieran efecto después y que se volvieran a mencionar en relación con la crisis de Gregor Strasser de principios de diciembre de 1932.

Tal vez el error más evidente se encuentra en la p. 34, donde el autor escribe que Hitler ya ha entrado en el gobierno, pero aún no es Reichskanzler. El texto de la p. 35 también da a entender que en febrero de 1933, según el autor, von Papen, y aún no Hitler, es canciller. De una frase de la p. 24 ("No debemos olvidar que en 1931 Hitler aún no era Reichskanzler, sólo líder de un partido político fuerte") se puede deducir que el autor sabe, mientras redacta el informe en el verano de 1933, que Hitler es canciller. Lo mismo puede deducirse de la frase de la p. 38 "tras su victoria final". Todos los escolares de Europa sabían en 1933 que Hitler se convirtió en Reichskanzler inmediatamente después de entrar en el gobierno a finales de enero de 1933 y que siguió siéndolo hasta su muerte. Tal vez lo que contribuyó a crear el error fue el recuerdo vivo y preciso del autor de que Hitler fue al principio sólo nominalmente Reichskanzler, que von Papen y compañía no querían renunciar al poder real, y que la lucha por el poder dentro del gobierno presenciada de cerca por el autor continuó hasta que Hitler se hizo por primera vez con el poder total en el verano de 1933. En general, la tensión de la lucha alemana por el poder en febrero de 1933 es descrita de forma absolutamente correcta por el autor.

Es posible que el informe contenga otros errores e imprecisiones como éstos. Sin embargo, es dudoso que hablen en favor de la falsificación del informe en su conjunto. Si aceptamos que el informe está falsificado, entonces procede de un falsificador muy inteligente que tiene un profundo conocimiento de los hechos reales. Un falsificador tan astuto no permitiría errores torpes como el del Reichskanzler o el error de cálculo del número de delegados, todo lo cual podría hacer que el lector desconfiara desde el principio. Tal vez algunos de estos errores se cometieron a propósito para poder negar la autoría en caso necesario, como, por ejemplo, la suposición de que la familia del autor llevaba 90 años en Estados Unidos. De hecho, estos errores y superficialidades hablan de forma más convincente a favor de la autenticidad que de la falsificación. Un banquero norteamericano, perteneciente al círculo de los hombres de mundo, que al mismo tiempo no está perdido en los asuntos europeos internos, no retuerce y da la vuelta a cada palabra diecisiete veces antes de ponerla por escrito, como haría un profesor alemán. Escribe de memoria, libremente, sin que le estorben precisiones mayores o menores en cuestiones secundarias. Siempre que los puntos principales emerjan con nitidez y claridad, y no puede discutirse que así sea. Finalmente, el informe no sólo contiene estos y quizás otros errores, sino también un gran número, una mayoría, de afirmaciones precisas y demostrables. Además, contiene muchas observaciones profundas y excelentes que demuestran que el autor no es un zapatero corriente, sino una mente culta, experimentada y conocedora, con una perspicacia sólo explicable por una elevada formación teórica o por experiencias personales recogidas en niveles superiores. El informe contiene predicciones que parecían improbables en 1933, pero que los acontecimientos han confirmado desde entonces. Finalmente hay una maravillosa confesión de uno de los que participaron. Naturalmente Goebbels no pudo mantener su bocaza cerrada. Así que escribe en su diario "Von Kaiserhof zur Reichskanzlei" el

20 de febrero de 1933: "Estamos recaudando una enorme suma para las elecciones (elecciones al Reichstag del 5 de marzo de 1933) que resuelve de un golpe todos nuestros problemas financieros". Aunque no sepamos, por supuesto, si la jubilosa exclamación de Goebbels se aplica al supuesto dinero americano que iba a enviar Warburg, la oportuna coincidencia de ambos acontecimientos no deja de ser notable.

El informe Warburg en su conjunto da una impresión extremadamente seria, genuina, viva e increíble. Las descripciones de Hitler y el contenido de sus conversaciones parecen especialmente auténticos y verídicos, concuerdan con todo lo que por lo demás sabemos sobre el tema. Una vez señalados los errores, se mencionarán varios hechos especialmente relevantes, junto con un comentario.

Desde el principio, la referencia en el Prólogo al conflicto dentro del capitalista, la mezcla de honestidad, decencia y corrupción, demuestra una gran conciencia, Marx, en Das Kapital, habló claramente de este papel económico, el doble papel del capitalista.

El gran empresario, que no se deja engañar por ninguna frase, aparece en frases cortas y breves como:

El dinero es poder. El banquero sabe concentrarlo y administrarlo. El banquero internacional lleva a cabo la política internacional...Quien entienda lo que se ocultaba detrás de la palabra "nacional" en los últimos años y lo que se oculta allí todavía, sabe también por qué el banquero internacional no puede mantenerse al margen de la política internacional. (p. 3)

El mundo bancario estadounidense nunca se había mostrado entusiasmado con Wilson. Los banqueros y financieros consideraban su idealismo suficientemente bueno para el estudio, pero inadecuado para el mundo práctico e internacional de los negocios. (p. 4-5)

Busque la explicación en obras sobre economía política, en ejemplos de economía práctica e internacional, en libros gordos sobre el tema que contienen mucha idiotez, todos delatan una falta total de percepción de la realidad. Los economistas políticos son, ante todo, académicos. (p. 6-7)

¿No tiene razón?

Carter y Rockefeller dominaron los procedimientos.

Carter es el representante de Morgan. Guaranty Trust pertenece al grupo Morgan. Morgan y Rockefeller, los reyes sin corona del mundo, dan las órdenes y mantienen a los Hitler como marionetas en una cuerda con sus millones. Carter (padre e hijo) son figuras oficiales en la dirección del banco Morgan de París, que desempeñó un papel muy importante en la financiación de la Primera Guerra

Mundial y en la regulación de las deudas y las reparaciones en el período de entreguerras. ¿Es acaso el hombre mencionado aquí idéntico a John Ridgley Carter, nacido en 1865, que se casó con una tal Alice Morgan en 1887, estuvo adscrito hasta 1911 al servicio diplomático estadounidense y desde 1912 pertenece a la cúpula del banco Morgan de París? Encaja bastante bien.

En la p. 9 Hitler dice: "Todavía no podemos contar con la simpatía de los grandes capitalistas, pero tendrán que apoyarnos cuando el movimiento se haya hecho poderoso."

Según otras opiniones muy extendidas esas afirmaciones son totalmente exactas. Hitler recibió las primeras grandes sumas de dinero de capitalistas extranjeros como Ford, Deterding, etc. Los ricos capitalistas alemanes le trataron con reserva durante mucho tiempo. Sólo cuando ya había llegado al poder le siguieron la mayoría. Pero fue decisivamente el capital extranjero el que hizo a Hitler.

Las opiniones sobre política exterior que Hitler tenía en 1931, según el informe de 1933, se vieron corroboradas por los acontecimientos posteriores, al igual que, por cierto, sus otras predicciones. Su predicción del pacto ruso es la más sorprendente de todas. En la p. 20 Hitler dice en 1931:

El pueblo alemán debe ser totalmente autosuficiente, y si no funciona sólo con Francia, entonces traeré a Rusia. Los soviéticos aún no pueden echar de menos nuestros productos industriales. Daremos crédito, y si no soy capaz de desinflar a Francia yo solo, entonces los soviéticos me ayudarán.

A Warburg le pareció una locura. Por eso añadió inmediatamente:

Debo hacer aquí una pequeña observación. Cuando regresé a mi hotel escribí esta conversación palabra por palabra. Mis notas están delante de mí, y no soy responsable de su incoherencia o incomprensibilidad. Si usted piensa que sus opiniones sobre política exterior son ilógicas, es culpa suya, no mía.

¡¿Falsificación?!

La evaluación que hace Hitler de los "comunistas" alemanes en la p. 22 va al grano:

Los mejores aquí en Berlín son comunistas, sus líderes se quejan a Moscú de su mala situación y exigen ayuda. Pero no se dan cuenta de que Moscú no puede ayudar. Tienen que ayudarse a sí mismos, pero son demasiado cobardes para eso.

La posición de los capitalistas judíos en relación con Hitler y su antisemitismo, tal como se describe en el informe, también ha sido probada por otras fuentes.

Tuve una charla con el director de un banco en Hamburgo a quien había conocido bien en el pasado. (Muy probablemente el tío de Warburg) Hitler le tenía bastante simpatía... Me resultaba difícil tomar en serio su opinión, porque era judío. Necesitaba una explicación, así que le pregunté cómo era posible que, siendo judío, simpatizara con el partido de Hitler. Se rió. "Hitler es un hombre fuerte, y eso es lo que necesita Alemania". (p. 18)

Volví a preguntarle cómo mi informante, siendo judío, podía ser miembro del partido de Hitler. Pasó por alto la pregunta con un movimiento de la mano. "Por judíos Hitler entiende judíos gallegos, que contaminaron Alemania después de la guerra".

La cómica consternación de Warburg cuando Hitler comparó acertadamente la cuestión judía en Alemania con la cuestión negra en América es igualmente creíble, (p. 38)

Una importante esfera de hechos, que puede reforzar adecuadamente la posibilidad real de la autenticidad del informe Warburg por analogía, se refiere a numerosas declaraciones incontestables sobre el apoyo moral, político y financiero y la promoción de Hitler y del nacionalsocialismo alemán por parte de capitalistas extranjeros y especialmente estadounidenses, dispersas en la literatura de estos tiempos.

En primer lugar, cabe mencionar el caso de Henry Ford. El rey automovilístico americano era conocido en los años veinte como el hombre más rico del mundo. A principios de los años veinte mantuvo una alianza abierta y bien conocida con los antisemitas alemanes como su santo patrón, apoyado por el libro El judío internacional, ilustrado por él y escrito por antisemitas rusos blancos. Este libro apareció en alemán publicado por la editorial antisemita Hammer-Verlag. En un anuncio de la editorial escribe

Hace tiempo que este libro ha pasado a formar parte del arsenal de todo alemán mentalmente despierto. Ninguna otra publicación de alcance similar que trate la cuestión judía con razonamiento intelectual puede reclamar una difusión más amplia.

El 19 de enero de 1923, el Hasler Nachrichten informa: Henry Ford es quizás el mayor antisemita de nuestro tiempo.

El 13 de septiembre de 1923 la Judische Pressenzentrale Zurich (Prensa Judía Central, Zurich) escribe:

La Internacional antisemita se está organizando. Como descubrió el representante de la JOB, esta agitación (antisemita) (en Checoslovaquia) comenzó hace unos dos años: inmediatamente después de las negociaciones que Henry Ford llevó a cabo con políticos alemanes en Checoslovaquia. El tipo de agitación que tiene lugar en Checoslovaquia refuerza la sospecha de que existe un lugar central para la propaganda antisemita internacional, que busca incitar sistemáticamente, según un plan definido, a un movimiento antisemita mundial.

El 9 de noviembre de 1923, poco después del golpe de Hitler en la cervecería, el Arbeiter-Zeitung (Periódico Obrero) de Viena escribió que "era bien sabido que Henry Ford estaba gastando grandes sumas para agitar el movimiento antisemita en Europa."

La Judische Pressenzentrale Zurich informó el 24 de marzo de 1924: - "Ataques a Henry Ford en el Congreso americano".

En una de las últimas sesiones del Congreso, el congresista La Guardia pronunció un agudo discurso en el que atacaba a Henry Ford, acusándole de propagar el antisemitismo en Europa. La Guardia explicó: "La riqueza de Henry Ford, junto con su ignorancia, han hecho posible que personas malintencionadas lleven a cabo una vil campaña contra los judíos. Esto no sólo es cierto en América, sino en todo el mundo. Esta campaña inhumana, anticristiana y malvada ha llegado a las otras orillas del océano y vemos sus consecuencias en los pogromos de judíos inocentes e indefensos en varias partes de Europa. Refuten esto si pueden".

El 25 de abril de 1924 Crispin escribió en el Vorwarts (Adelante) de Berlín bajo la marea: "Ludendorff y los judíos". -

Para completar el perfil del carácter de Ludendorff, se revelará la fuente de su sabiduría sobre los judíos. La fuente de su sabiduría es, según su propio testimonio, el libro que circuló bajo el nombre de Ford: El Judío Internacional.

En 1927 apareció un ataque contra los antisemitas por C.A. Loosely: "¡Los malvados judíos!" El autor polemiza principalmente contra los dos líderes literarios del antisemitismo, Ford y Rosenberg. Utiliza las expresiones "Ford y sus confederados de la esvástica" (p. 57), "los antisemitas alemanes en alianza con Ford" (p. 60), "el Sr. Ford y el Sr. Rosenberg" (p. 33).

Lo siguiente apareció en el libro de Upton Sinclair sobre Ford, el rey del automóvil, que salió en alemán en 1938 publicado por Malik-Verlag, Londres:

El antiguo editor del Dearborn Independent (perteneciente a Ford) que había escrito el artículo antisemita, era ahora el secretario privado y jefe de prensa de Ford, controlando todas sus relaciones públicas. William J. Cameron no había cambiado un ápice sus puntos de vista; al contrario, estaba en contacto con numerosos agentes antisemitas de todo el mundo y los relacionaba con Henry Ford... Los millones de Ford lo rodeaban como a un prisionero de agentes nazis y calumniadores fascistas. Ya habían empezado a trabajar sobre él cuando el movimiento hitleriano era todavía joven, y habían recibido de él 40.000 dólares para una edición alemana del folleto antisemita, los nombres de Hitler y Ford aparecían juntos en el prospecto. Más tarde, un nieto del ex káiser se unió a Ford, y gracias a su ayuda llegaron 300.000 dólares al partido nazi. Henry Ford tenía enormes fábricas en Alemania, y no fue ningún idealismo utópico lo que le impulsó a luchar contra las huelgas en ese país. - Entonces entró en escena Fritz Kuhn, el principal agente de Hitler en América, el jefe uniformado del Bund germano-americano, una organización semimilitar. Trasladó su cuartel general a Detroit y obtuvo un puesto en los laboratorios de la fábrica Ford. Se inició una nueva campaña antisemita y la fábrica Ford se llenó de nazis. (p. 248-249)

El movimiento hitleriano alemán creció y tomó fuerza a partir de 1920 bajo la participación directa, abierta y cercana de Ford. Sólo cuando el apoyo público de Ford dejó de ser necesario, se separó del antisemitismo. Sin embargo, siguió ayudando a Hitler. Éste le confirió una orden tras su toma del poder. El Volksrecht (Derecho del Pueblo) informó el 19 de septiembre de 1945:

Se acusa a la fábrica Ford de suministrar regularmente material a los nazis. Informa el corresponsal de la agencia TASS en Nueva York: "Documentos descubiertos en Alemania, así como investigaciones minuciosas han probado que la empresa americana Ford Co. producía material de guerra para los nazis y ayudaba al armamento alemán antes y durante la guerra hasta 1944. Antes de Pearl Harbor, el propio Henry Ford aprobó los contratos entre sus fábricas y el gobierno de Hitler... En 1939 se dice que representantes de las fábricas Ford entregaron a Hitler un regalo de 50.000 marcos."

El origen estadounidense del fascismo europeo también queda patente en un informe de la Judische Pressezentrale Zurich del 22 de diciembre de 1922:

Uno de los líderes del Ku Klux Klan explicó en una conversación con periodistas que el KKK había hecho todos los preparativos para expandirse y convertirse en una organización mundial... en muy poco tiempo se fundaría una organización filial en Canadá, mientras que al mismo tiempo se enviaban agentes de confianza a Europa para crear una organización del KKK en varios países europeos. No duraría mucho y el movimiento abarcaría el mundo entero.

El KKK europeo cobró vida en forma de fascismo y nacionalsocialismo.

Los sucesos ocurridos en Baviera en 1923 proporcionan información muy interesante y significativa sobre las fuentes de financiación extranjeras de los nazis. El ímpetu y los intereses extranjeros detrás de los nazis son más fáciles de precisar en los inicios del movimiento porque entonces no eran tan pronunciados y los métodos de encubrimiento aún no estaban bien desarrollados. Los sucesos de Baviera demuestran que las potencias e intereses extranjeros estuvieron implicados en el movimiento fascista desde el principio, deseando guiarlo según sus deseos.

En marzo de 1923, Fuchs, Machhaus & Co. intentaron tomar el poder en Baviera. El Arbeiter-Zeitung de Viena escribió el 24 de junio de 1923:

El juicio (contra Machhaus & Co.) ha establecido, para empezar, con pruebas totalmente incontestables la financiación del movimiento fascista por parte del gobierno francés. Ha quedado incontestablemente probado y confirmado por todos los testigos que más de cien millones de marcos fueron entregados por el agente francés Richert a las organizaciones fascistas en el segundo semestre del año pasado... ¡Francia ha invertido bien su dinero en los nazis alemanes, Millerand y Hitler se hacen el juego mutuamente!

El 10 de julio de 1923, el mismo periódico vuelve a escribir sobre el asunto:

Al aclarar el veredicto se explicó que...el dinero del que disponía (Richert) estaba destinado a financiar una toma del poder en Baviera y el derrocamiento del Reich alemán...Richert trabajaba por encargo del gobierno francés, y si su toma del poder hubiera tenido éxito habría tenido que comparecer ante el tribunal como principal acusado junto con el gobierno francés....El intento de derrocar al gobierno alemán por parte de Richert-Fuchs-Machhaus fue una empresa destructiva altamente oficial del gobierno francés contra la estabilidad política de la nación alemana y, por tanto, contra la unidad nacional del pueblo alemán. El gobierno francés planeó llevar a cabo este derrocamiento en estrecha coordinación con las demás acciones francesas en el Ruhr. Los ejércitos franceses en el Rin y en el Ruhr tenían órdenes de comenzar a marchar de Frankfurt a Hof en el momento del golpe bávaro, dividiendo así el norte alemán del sur alemán. El derrocamiento bávaro sería entonces el pretexto para la ocupación del río Meno a través de Francia, y el gobierno francés esperaría obtener más ventajas del éxito de los esfuerzos de la campaña separatista en Baviera.

Este es el plan de acción de la Segunda Guerra Mundial en pocas palabras. Sólo que el verdadero modelo para Fuchs-Machhaus es Hitler, para Francia es América y para Richert es Warburg. Hitler también tenía dinero francés en 1923. Su líder de las tropas de asalto, Ludecke, había armado e investido a un destacamento de asalto de la guardia hitleriana de Munich con uniformes a precios franceses, pero poco después, para tristeza de Hitler, fue descubierto por la policía con enormes sumas en francos y descubierto. (Ver Vienna Arbeiter-Zeitung) del 19 de marzo de 1923). Pero Hitler no sólo tenía francos, sino también cantidades sorprendentes de dólares en los tiempos inflacionistas de 1923. ¿Era tal vez su inusual fuerza el resultado de la posesión de tantos dólares? El Arbeiter-Zeitung de Viena se preguntaba el 15 de abril de 1923: "¿No deberían encontrarse nombres como Ford, el mecenas estadounidense del antisemitismo, entre los nazis alemanes que viven en el extranjero?".

El 17 de febrero de 1923, el Arbeiter-Zeitung de Viena publicó la siguiente historia bajo el título: "El Hitler de los dólares".

Qué vergüenza para los nazis. Primero se demostró que recibían dinero de los franceses. Luego se desenmascara a uno de sus líderes como espía francés y se le detiene. Ahora el Munchner Post está en condiciones de demostrar que incluso Hitler, conocido general nazi, está en posesión de una sorprendente cantidad de dólares. Nuestro periódico del partido de Munich escribe: Poco antes del Parteitag nacionalsocialista Hitler se presentó en una oficina de negocios de Munich en compañía de su "guardaespaldas" para comprar muebles para la redacción del Volkischer Beobachter (Observador del Pueblo), una nueva hoja nazi. Tras el Parteitag, el empresario se personó en las oficinas del Volkischer Beobachter para cobrar el importe. Hitler estaba abriendo el correo. Sacó enormes sumas en dólares de varios sobres que le habían enviado. Pagó la cantidad de cinco millones de un maletín repleto de billetes de dólar. La cara de asombro del hombre de negocios debió de incitarle a dar una explicación a esta situación, después de todo, bastante inusual. Dijo de pronto: "Los vejestorios siempre quieren saber de dónde sacamos el dinero. Los alemanes que viven en el extranjero apoyan nuestro movimiento. Si tuviéramos que depender sólo de las contribuciones de los magnates industriales, hace tiempo que habríamos necesitado la ayuda de los alemanes que viven en el extranjero." El Sr. Hitler, entonces, tiene como se puede ver grandes cantidades de dinero en valores extranjeros a su disposición. La retorcida explicación que creía deber al empresario, de que el dinero procedía de alemanes residentes en el extranjero, no es más que una forma de salir de una situación embarazosa. El dinero viene del extranjero, y con ello queda firmemente establecido el hecho, difícilmente discutible, de que el partido nacionalsocialista se alimenta a través de canales extranjeros.

En los juicios a Hitler en Munich en 1924 se determinó que Hitler recibió 20.000 dólares de industriales de Nurnberg para su golpe. Nada molestaba tanto a Hitler como la acusación de que estaba siendo financiado por capitalistas extranjeros. Por eso, durante su ascenso al poder en 1933, presentó demandas por difamación contra quienes aireaban tales opiniones. Como naturalmente los acusados no podían presentar recibos ni corroboraciones escritas, y los tribunales protegían a Hitler, y como además los antiguos participantes y testigos que se habían vuelto contra los nazis eran cruelmente perseguidos por sus antiguos amigos, Hitler salía regularmente vencedor de estos juicios, si no prefería simplemente dejar que se agotaran solos. Uno de estos juicios tuvo lugar en 1923 en Múnich. El Arbeiter-Zeitung de Viena escribió el 23 de junio de 1923:

El delegado de Lantag, Auer, declaró como testigo que había recibido la información de que sumas de dinero, una de ellas de treinta millones de marcos, habían sido transferidas tres veces desde el territorio del Sarre al Deutsche Bank, y habían llegado a poder de personas que de otro modo no habrían tenido dinero del que disponer. Había pruebas que demostraban que el dinero procedía de Ford, el propietario de la fábrica de automóviles, que desempeñaba un importante papel en el Partido Nacionalsocialista Obrero, y era una de las autoridades del sindicato francés del hierro. - El comerciante Christian Weber, miembro de la dirección del partido nacionalsocialista, declaró que ciertamente el partido recibía dinero del extranjero, en gran parte de miembros del partido en Checoslovaquia y de amigos en América.

Un juicio similar tuvo lugar contra el escritor Abel en Munich en el verano de 1932, es decir, poco antes de la toma del poder por Hitler. El Imprekoor del 14 de junio de 1932 informó de lo siguiente:

Hitler y algunos de los suyos que entraron en la batalla como testigos, hicieron todo lo posible por ser vagos y no revelar nada. Los tribunales incluso acudieron en ayuda de Hitler en estos esfuerzos. Sin embargo, el juicio, en cierto modo, explicó las cosas... El punto central del juicio fue el interrogatorio de Hitler, que tuvo lugar en circunstancias sensacionales. El líder de la Casa Marrón estaba obviamente preocupado por hacer estallar los procedimientos, para evitar preguntas embarazosas. De hecho, consiguió escabullirse en el momento oportuno gracias a un verdadero ataque de delirio (¡incluso con espuma en la boca!)... Escapó impune cuando surgió la cuestión de las fuentes de financiación extranjeras. Sin embargo, admitió ambiguamente que el NSDAT siempre había sido apoyado por sus miembros en el extranjero; por lo tanto, los alemanes en el extranjero y, naturalmente, también los patrocinadores nazis en Alemania podrían ser los canales a través de los cuales el dinero de Deterding, Schneider-Creuzot y Skoda podría haber fluido. Pero cuando los abogados le hicieron preguntas completamente directas, Hitler empezó a gritar como un poseso, a insultar a los abogados y a negarse a declarar. Ni siquiera el tribunal de Munich, normalmente tan favorable a él, pudo librarse de multarle con 1.000 marcos por "comportamiento abusivo" y negarse a prestar testimonio, lo que podría perjudicar a Hitler. - Los desmentidos y la rabia de Hitler son muy transparentes. Ya ha quedado en evidencia en la única cuestión a la que respondió, e incluso se puede sospechar que cometió perjurio. Explicó que nunca había visto ni hablado con el italiano Migliarati, quien, según la afirmación de Abel, es sospechoso de haberle entregado sumas de dinero. Entretanto ya se había demostrado en el Bayrischen Courier que Migliarati hizo pública una entrevista con Hitler en un momento crítico. Ahora se entiende perfectamente por qué Hitler dejó que se negara el testimonio y abandonó precipitadamente Múnich.

Las respuestas a numerosas y muy precisas preguntas de la defensa habrían arrojado mucha luz sobre las fuentes financieras de Hitler, sobre acciones de las que un líder puede salirse con la suya, pero que las bases no toleran.

El Neue Zurcher Zeitung también opinaba lo mismo, que Hitler verificaba las acusaciones de Abel en lugar de refutarlas por su inusual comportamiento ante el tribunal.

Las fuertes conexiones financieras entre Sir Henry Deterding, jefe de la Royal Dutch Petroleum Co., y Hitler son bien conocidas y aún están frescas en la memoria, por lo que basta con mencionar su nombre aquí. Konrad Heiden escribe sobre este asunto en su biografía de Hitler: "No se negaron las conexiones financieras directas e indirectas con Henry Deterding... el gran inspirador y donante de las campañas antibolcheviques".

Hitler recibió muchos millones de dólares de Deterding, la última residencia de Deterding fue una finca en Alemania y un representante del gobierno de Hitler habló ante su tumba.

Existen numerosas alusiones y pruebas en la literatura contemporánea sobre las fuentes financieras extranjeras de Hitler, de las que las citadas anteriormente son sólo algunos ejemplos, y se mencionarán las siguientes adicionales:

El Neue Zurcher Zeitung escribió en su edición

diaria del 18 de octubre de 1929, cuando el movimiento nazi empezaba a crecer hasta alcanzar enormes proporciones, bajo el título "Non olet!" (¡El dinero no huele!) (¡El dinero no huele!):

La inusitada cantidad de propaganda difundida hoy por los nacionalsocialistas en toda Alemania, sus disfraces y juegos de soldados, todos ellos artículos que cuestan grandes sumas de dinero, exigen preguntarse: ¿de dónde sale el dinero? No es posible que proceda sólo de la propia organización, teniendo en cuenta cómo está montada toda la estructura. ¿De dónde sale? El Badische Beobachter, órgano principal del centro de Baden... tiene información muy interesante sobre las fuentes financieras que fluyen hacia el movimiento hitleriano. Llegan a la conclusión de dónde se origina el dinero para el extenso y costoso aparato de agitación nacionalsocialista... Para estos herederos del patriotismo, que hacen acusaciones diarias de traición contra sus oponentes, y que se estiman a sí mismos especialmente por su absoluta germanidad, es digno de mención que el dinero que respalda su movimiento se obtiene principalmente del extranjero. Gausser trataba con donantes suizos, el marchante de arte de Munich Hanffstangel con los americanos, un ingeniero Jung y el Dr. Krebs con checoslovacos, el profesor universitario Freiherr von Bissing recaudaba dinero para el movimiento hitleriano en Holanda. La correspondencia fue tratada con sumo cuidado y tuvo lugar sólo bajo direcciones disimuladas. Nunca se mencionaba el nombre de Hitler. Siempre se le llamaba "Wolfi" en las cartas... también llegaba dinero de Ford y grandes sumas eran entregadas por grandes industriales de Checoslovaquia - Junto con la procedencia extranjera del dinero va, según este informe, su origen capitalista, una característica que todavía hoy desempeña el papel más sustancial en la financiación del Partido Nacionalsocialista, además de todo lo demás que se sabe o se sospecha del movimiento.

Por último, hay que mencionar el hecho de que el 11 de febrero de 1932 el delegado socialista Paul Faure demostró en las Cámaras francesas que la fábrica checa Skoda, junto con la Unión Europea de Industria y Finanzas, que trabaja en conexión con Schneider-Creuzot, pagó enormes sumas al Partido Nacional Socialista Alemán de Hitler.

A finales de 1931 Hitler dio una explicación de política exterior a la prensa angloamericana que encaja perfectamente con sus opiniones en el informe Warburg. El Imprekoor del 8 de diciembre de 1931 comentaba bajo el título: "Hitler de rodillas ante las finanzas mundiales".

Los nazis creen en la vieja ilusión de poder contar con el apoyo de Inglaterra y Estados Unidos frente al imperialismo francés. Por eso en este discurso Hitler asumió la tesis angloamericana de la "prioridad" de las deudas privadas sobre las políticas. Por eso aderezó sus explicaciones sobre la cuestión de los tributos con varios ataques a

París, especulando sobre el creciente sentimiento antifrancés especialmente en Inglaterra... Por eso hizo una admisión especialmente fuerte sobre el pago de los préstamos y créditos angloamericanos.

A continuación citaremos el valioso testimonio de Dodd. Dodd fue embajador estadounidense en Berlín entre 1933 y 1938. En este puesto conoció a muchas personalidades estadounidenses y alemanas de alto rango. Sus notas fueron publicadas por sus hijos en 1943 en un libro que se hizo famoso. El apoyo a Hitler por parte del capital estadounidense aparece con inusitada claridad en el diario de Dodd. Los banqueros estadounidenses preocupados por sus inversiones en Alemania apoyaron al nazismo sin excepción. Tras la llegada de Hitler al poder, las industrias armamentísticas estadounidenses e inglesas le entregaron material bélico. También judíos ricos toleraron y ayudaron a Hitler, entre ellos los Warburg. Unas pocas observaciones especialmente dignas de mención en los bocetos de Dodd bastan para ilustrar este punto.

Dodd escribe sobre un neoyorquino rico:

Se opone firmemente a la Revolución Rusa y le entusiasma el régimen de Hitler en Alemania. Odia a los judíos y espera que se les trate en consecuencia. Naturalmente, me aconsejó que dejara a Hitler seguir su propio camino. (p. 24)

El profesor John Coar quiso hablar con toda franqueza. Me dijo que había sido amigo personal de Adolf Hitler y que en 1923 le había aconsejado contra su golpe de Estado en Baviera. (¡Así que Hitler ya tenía asesores americanos en su círculo en 1923!) Hitler seguía concediéndole entrevistas continuamente y él tenía la intención de ir a la casa de verano de Hitler en Baviera dentro de unos días. Se ofreció a traerme de vuelta un informe exacto de su conversación con Hitler, si yo le entregaba una carta para el presidente Roosevelt, a quien deseaba llevar un informe final. (p. 34)

Schacht es aquí el verdadero amo, y los funcionarios del gobierno no se atreven a ordenarle nada. (Entrada del 3 de enero de 1934) (p. 82).

Una noche mi esposa visitó al barón Eberhard von Oppenheim, que vive espléndida y tranquilamente cerca de nosotros. Muchos nazis alemanes estaban presentes. Se dice que Oppenheim dio al partido nazi 200.000 marcos, y que había recibido una dispensa especial del partido, declarándose ario. (p. 86)

Ivy Lee y su hijo James vinieron a comer a la 1:30. Ivy Lee demostró ser capitalista y defensora del fascismo al mismo tiempo. Contaba historias de su batalla por el reconocimiento de Rusia, y se inclinaba a dar crédito por ello. Su único empeño era aumentar los beneficios de las empresas americanas, (p. 87)

Lazaron (un rabino americano) está aquí para obtener información sobre las posibilidades de los

Warburg, que lamentan la postura extrema del rabino Wise (contra los nazis), (p. 148)

El destacado banquero hamburgués Max Warburg, hermano de Felix Warburg en Nueva York, vino a verme a la embajada a petición del rabino Lazaron. La agitada vida que había llevado en los últimos años se le notaba, y ahora corría peligro de perder la vida si sus opiniones se daban a conocer al gobierno. Se quedó una hora. Piensa que el rabino Wise y Samuel Untermyer de Nueva York han puesto en grave peligro a los judíos que viven en los Estados Unidos y en Alemania con sus protestas públicas. Dijo que Felix Warburg era de la misma opinión. Estos dos hombres están totalmente de acuerdo con el coronel House, que trata de suavizar el boicot judío (contra la Alemania nazi) y de reducir el número de judíos en los altos cargos de los Estados Unidos. (p. 155)

Visité a Eric Phipps y repetí confidencialmente un informe de que Armstrong-Vickers, la enorme empresa británica de armamento, había negociado la venta de material de guerra aquí la semana pasada... El viernes pasado le dije a Sir Eric que la gente de armamento británica estaba vendiendo cantidades masivas de material de guerra aquí. Fui lo suficientemente franco -o indiscreto- como para añadir que tenía entendido que representantes de Curtiss-Wright, de Estados Unidos, estaban aquí para negociar ventas similares. (p. 186)

Le dije a Lewis que Hearst ha apoyado y visitado

a Mussolini durante cinco o seis años. Le informé de la visita de Hearst a Berlín el pasado septiembre y de su trato con Goebbels para que el Ministerio de Propaganda alemán tuviera todos los periódicos europeos de Hearst al mismo tiempo que los de Estados Unidos, (p. 221)

El pobre Lazaron estaba muy disgustado porque tantos judíos ricos han capitulado ante los dirigentes nazis y son influyentes ayudantes financieros del Dr. Schaft, para quien su apoyo en la situación actual es muy importante, (p. 236)

Ni siquiera los Juicios de Nuremberg pudieron suprimir la evidencia de las antaño estrechas, amistosas y buenas relaciones entre el capital angloamericano, sus gobiernos y Hitler, a pesar de los esfuerzos del tribunal por vigilar celosamente que nunca se planteara este lado de la cuestión, declarando las declaraciones al respecto "irrelevantes e inmateriales." Schacht, en particular, mencionó este tema crítico.

Cuando Schacht volvió a sacar a colación las relaciones de las potencias extranjeras con el régimen nacionalsocialista y la ayuda que le prestaban, el tribunal decidió que esta información no tenía nada que ver con el asunto y que, por tanto, era inadmisible... Schacht había dejado que los representantes de las potencias extranjeras le convencieran de que debían apoyar al gobierno nacionalsocialista en sus inicios. El tribunal se negó a admitir todas estas declaraciones. (NZZ nº 758, 2 de mayo de 1946)

Funk escribió un informe (sobre la ayuda financiera que Hitler recibió de los capitalistas) que arrojó luz sobre la historia temprana del Tercer Reich de una manera interesante. Hay que dar una gran importancia al papel de los donantes, porque sus donaciones y la ayuda que concedieron de otro modo favorecieron extraordinariamente el ascenso de Hitler. Por ello, una pesada carga histórica recae sobre los banqueros e industriales implicados. Junto con Schacht, von Papen y Hugenberg pertenecen a los "peldaños de la escalera", ese grupo de hombres influyentes que hicieron importantes contribuciones al éxito final del nacionalsocialismo. (NZZ n° 805, 8 de mayo de 1946)

Baldur von Schitach habló durante más de una hora sobre su juventud y dijo, entre otras cosas, que había sido el libro de Henry Ford El judío internacional el que le había convertido al antisemitismo. (NZZ n° 916, 24 de mayo de 1946)

Estas son varias ilustraciones del apoyo de Hitler a través de capitalistas extranjeros. Esta colección podría ser interminable. Los ejemplos mencionados son suficientes para nuestros propósitos.

Hitler no fue hecho sólo por el capital alemán, sino principalmente por el capital internacional y especialmente el estadounidense que intervino decisivamente desde el principio, desde aproximadamente 1920, en la batalla por el poder en

Alemania. Si esta batalla alemana por el poder se hubiera decidido dentro de la República de Weimar sólo con medios alemanes, entonces Hitler nunca habría ganado. Hitler se convirtió en el hombre más fuerte de Alemania porque tuvo acceso a la ayuda internacional más fuerte. Su fuerza y su éxito sólo pueden entenderse en absoluto si se tiene en cuenta este hecho.

El informe Warburg puede ser auténtico. No suponemos que sea auténtico porque carecemos de pruebas absolutas (por cierto, también faltan pruebas para suponer que es falso). Así que el informe Warburg sigue siendo un problema por el momento. Ciertamente se puede suponer que el informe Warburg es simbólicamente verdadero, ya que describe de una manera simple, generalmente entendida y llana las relaciones reales Hitler y el capital americano e internacional, pruebas que han sido demostradas mil veces. Hitler utilizó el capital estadounidense e internacional para provocar la Segunda Guerra Mundial, para destruir y finalmente ocupar Alemania y Europa.

¿Quién es peor, los instrumentos o sus instigadores, que posteriormente se lavan las manos en inocencia y condenan sus propios instrumentos y creaciones, desechándolos al final como testigos peligrosos? Un "orden" que necesita tales instrumentos y medios debe ser condenado.

El informe Warburg, en caso de ser auténtico, es uno de los documentos más interesantes e importantes de nuestra época porque ilumina toda esa zona de tinieblas en la que se fabricaron Hitler y la segunda guerra mundial, y porque demuestra que el núcleo del capital internacional, el capital estadounidense, es el criminal de guerra número uno.

Es más que un "libro de texto" sociológico y político de primer orden, porque presenta las relaciones entre economía y política de nuestro tiempo de forma concreta, como testimonio vivo, ofreciendo al lector una mirada a las cámaras secretas del imperio capitalista. Al mismo tiempo, es un documento estremecedor, porque deja bien claro que los increíbles sufrimientos y sacrificios de la humanidad en los últimos quince años fueron provocados y padecidos en interés de las altas finanzas internacionales y, especialmente, de las estadounidenses. Es una obligación para con el poder general y para con la humanidad descubrir la verdad sobre este informe y divulgarlo y hacerlo circular con este fin.

Octubre de 1946.

Otros títulos

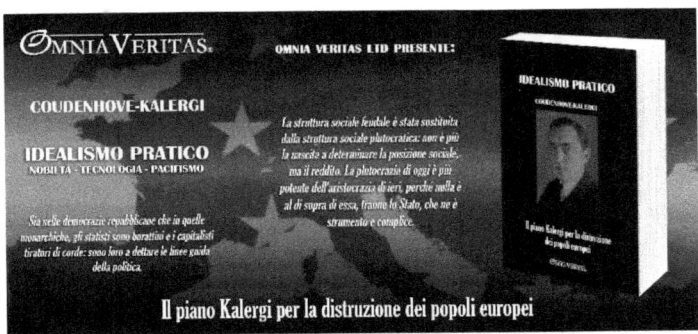

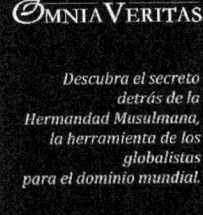

Omnia Veritas Ltd presenta:

HISTORIA PROSCRITA
I
LOS BANQUEROS Y LAS REVOLUCIONES

POR

VICTORIA FORNER

Los procesos revolucionarios necesitan agentes, organización y, sobre todo, financiación, dinero.

LAS COSAS NO SON A VECES LO QUE APARENTAN...

⊘mniaVeritas

"El verdadero crimen es acabar una guerra con el fin de hacer inevitable la próxima."

Omnia Veritas Ltd presenta:

Historia Proscrita II
La historia silenciada de entreguerras

POR

Victoria Forner

El Tratado de Versalles fue "un dictado de odio y de latrocinio"

⊘mniaVeritas

Distintas fuerzas trabajaban para la guerra en los países europeos

Omnia Veritas Ltd presenta:

Historia Proscrita III
La II Guerra Mundial y la posguerra

POR

Victoria Forner

Muchos agentes servían intereses de un partido belicista transnacional

⊘mniaVeritas

Nunca en la historia de la humanidad se había producido una circunstancia como la que estudiaremos...

Omnia Veritas Ltd presenta:

Historia Proscrita IV
Holocausto judío, nuevo dogma de fe para la humanidad

POR

Victoria Forner

Un hecho histórico se ha convertido en dogma de fe

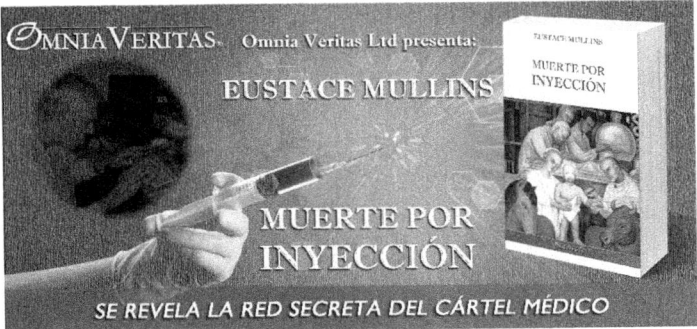

LAS FUENTES FINANCIERAS DEL NACIONALSOCIALISMO

La autenticidad de estos documentos judiciales queda fuera de duda...

Cuanto más estudiamos la historia de la Revolución Francesa, más nos topamos con enigmas...

Las revoluciones no las hace la clase media, sino la oligarquía de arriba...

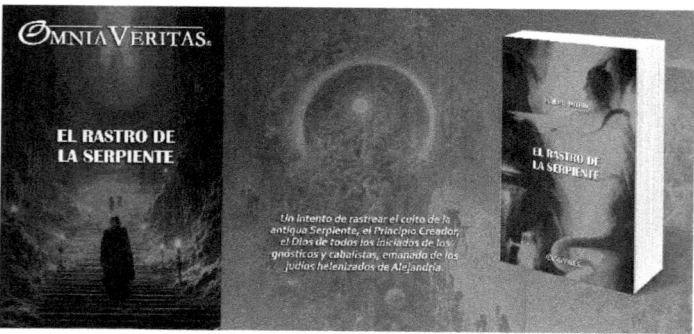

www.ingramcontent.com/pod-product-compliance
Lightning Source LLC
Chambersburg PA
CBHW051104160426
43193CB00010B/1310